L'ENFANT
DU
CARNAVAL.

Carnaval　　　　　　　　　　Tom: II

Je l'invitai à boire, elle but et se trouva mieux.

L'ENFANT
DU
CARNAVAL,

HISTOIRE REMARQUABLE, ET SURTOUT VÉRITABLE,

Pour servir de supplément aux Rapsodies du jour;

PAR PIGAULT-LE-BRUN.

Valeat res ludicra.

NOUVELLE ÉDITION.

TOME SECOND.

PARIS,

J.-N. BARBA, libraire, éditeur des *Œuvres de Pigault-le-Brun*, Palais-Royal, derrière le Théâtre Français. n° 51.

1818.

L'ENFANT DU CARNAVAL.

CHAPITRE PREMIER.

Je vois le monde.

Je descendis chez Mylord, et je me présentai pour l'habiller selon ma coutume : il ne voulut pas le permettre ; il m'avança un siége, et m'ordonna de m'asseoir. Il me dit qu'il était déterminé à se fixer en France ; que la conservation de sa santé, les instances de sa fille et de ses amis lui en faisaient une sorte de loi ; qu'il avait vu mourir à Londres son épouse et les hommes qu'il avait le plus aimés, et que tous les lieux lui devaient être indifférens ;

que cependant il aimait passionnément sa patrie, et que les momens les plus agréables pour lui seraient ceux où je la lui rappellerais. Il ajouta obligeamment que j'apprenais ce que je voulais, et qu'il espérait que je me ferais l'effort d'apprendre l'anglais pour lui; qu'il m'estimait, qu'il comptait que je m'attacherais invariablement à lui, et qu'il ne négligerait rien pour rendre mon sort agréable. Il finit en me donnant cinquante louis pour commencer ma garde-robe.

Rien n'humilie un bon cœur comme des bienfaits dont il ne se sent pas digne; à chaque mot de Mylord je sentais le trait aigu du remords, et je serais tombé à ses pieds si j'avais été le seul coupable.

Juliette partageait ce pénible état; elle avait perdu cette gaîté franche et naïve, garant d'une âme pure; elle ne répondait aux caresses de son père qu'avec timidité et embarras; elle m'évitait autant que le permettait la décence, ne me parlait que lorsqu'elle y était contrainte par la nécessité, et fuyait dès qu'on la laissait seule avec moi. J'approuvais sa conduite, et elle me faisait une peine!....Oh, les passions, les passions !..... Avec quelle adresse elles nous subjuguent, par quels sentiers fleuris elles nous égarent pas à pas, de quels charmes elles parent l'avenir, avec quelle fureur elles nous tourmentent, quand la raison a déchiré le voile de l'illusion !

Mylord n'avait pas de soupçons. Il nous trouvait changés; il attribuait ce changement à la réserve qu'inspire un âge plus avancé; il en plaisantait quelquefois; nous rougissions, et Mylord ne s'en apercevait pas.

Il m'avait conduit aux bibliothèques, au jardin botanique; il m'avait fait voir différentes galeries de tableaux. Il parlait peu, mais il jugeait bien, et il paraissait se complaire à me former le jugement. Il m'avait présenté chez tous ses amis : des talens agréables, un physique avantageux me faisaient accueillir ; ma modestie me faisait aimer. Je n'avais pas vu les spectacles ; Mylord lia une partie d'opéra avec la comtesse d'Alleville, la femme de Paris qu'il voyait avec le plus de plaisir.

La comtesse avait été jolie, et s'était préparée de bonne heure à vieillir ; elle avait connu les hommes, elle avait apprécié les erreurs de la jeunesse, et elle avait orné sa raison de tous les agrémens de l'esprit ; elle jouissait à soixante ans des sacrifices qu'elle s'était fait à vingt-cinq. Les hommes la recherchaient, les jeunes gens l'écoutaient avec plaisir, les femmes l'aimaient..... depuis environ quinze ans.

Nous trouvâmes chez elle un conseiller au parlement qui avait un sens droit, de l'aisance dans les manières, qui ne parlait jamais procès, qui ne dédaignait pas l'épée, et qui eût aimé la comtesse si elle fût née vingt ans plus tard;

De jeunes personnes jouant l'ingénuité, ne répondant que *oui* et *non*, écoutant, entendant tout, et n'oubliant pas que l'innocence ne rougit jamais;

Un jeune officier aux gardes, étourdi, présomptueux, portant parfaitement l'uniforme, ignorant comme un chevalier français, parlant de tout avec l'assurance d'un homme instruit, persifflant le clergé, méprisant la robe et ne daignant pas parler du tiers-état, courant les femmes, qu'il croyait aimer, et leur persuadant qu'il leur faisait beaucoup d'honneur en les déshonorant;

Un prélat qui ne connaissait pas son diocèse, qui n'avait jamais lu ses mandemens, et qui partageait le patrimoine de saint Pierre avec des filles d'opéra;

Une marquise nouvellement mariée, vive, piquante, *adorant* son mari, le cherchant sans cesse des yeux, l'appelant et le becquotant en appuyant tendrement son pied sur celui de l'officier aux gardes;

Un jeune homme de vingt ans, beau comme Adonis, timide comme un homme de mérite, réservé auprès du sexe, très-disposé à aimer, et ayant encore son cœur pour n'avoir su à qui le donner.

C'est au milieu de cette société que Juliette parut avec des avantages qui devaient attirer tous les yeux et fixer tous les cœurs. Un sourcil parfaitement dessiné couronnait un œil noir, qui n'était pas volupteux encore, mais qui déjà faisait naître le désir; une bouche de rose qui ne s'ouvrait que pour s'embellir; un teint d'une blancheur éblouissante; la gorge, la taille, et l'abandon des grâces; de l'esprit sans prétention; des connaissances sans pédanterie; un cœur.... oh, un cœur!.... Si on l'eût connue comme moi, elle eût été trop dangereuse.

L'officier aux gardes l'aborda familièrement, joua avec son jabot et le pommeau de son épée, se caressa le menton, lui dit des choses *délicieuses* auxquelles elle ne fit pas d'attention.

Le conseiller la salua respectueusement: cette marque de considération parut la flatter.

Le prélat la regarda, voulut lui parler, et se tut aux premiers mots qu'elle lui répondit. Il n'était à son aise qu'avec des femmes d'un certain genre.

Le jeune homme fit deux ou trois tours dans le salon, s'assit près de deux ou trois femmes, leur dit je ne sais quoi,

se leva sans attendre leur réponse, e se trouva à côté de Juliette comme par hasard. Je m'étais aperçu qu'il ne cherchait qu'elle, et qu'il avait pris un détour pour qu'on ne soupçonnât point son but. Il lui parla de ce ton qui annonce l'estime; son accent avait cette douce chaleur qu'inspire un intérêt pressant; elle lui répondit avec une politesse froide qui le déconcerta. Il ne parla plus, mais il la regardait; il se trouvait bien auprès d'elle, et il y resta. Je ne sais pourquoi ce jeune homme me déplut au premier coup d'œil; je ne sais si Juliette le sentit, mais elle se leva après quelques minutes, fut se placer à côté de madame d'Alleville, s'entretint quelque temps avec elle, et me dit en s'asséyant près de moi : « Cette femme est étonnante;
« elle embellit jusqu'à la vieillesse.
« Heureuses celles qui la prendront

« pour modèle et qui lui ressemble-
« ront un jour ! »

La conversation devint générale. On parla beaucoup, et on dit très-peu de chose. C'étaient de jolis riens débités avec légéreté, des tours de phrase agréables et frais ; c'était la piquante équivoque que couvrait encore un coin du voile de la pudeur. On singeait la raison, on jouait le sentiment, on courait après la pensée, on applaudissait à des choses qu'on n'avait pas entendues, on était content de soi, on paraissait l'être des autres : c'était charmant.

Le conseiller tâchait de donner à la conversation quelque apparence de bon sens ; on ne l'écoutait pas.

Le prélat s'exprimait avec une feinte modestie qui n'en imposait à personne.

La marquise déraisonnait à perdre

haleine; et quand elle avait dit une sottise, elle embrassait son mari en riant aux éclats.

L'officier lui jurait qu'elle était adorable, d'un air qui eût révolté une femme décente. Le mari riait de la présomption de l'officier; celui-ci se moquait de la bonhomie du mari, et la marquise se moquait peut-être de tous les deux.

Juliette souffrait de ces ridicules; elle me dit : « Je n'aime pas les fem-
« mes trop caressantes; l'épouse hon-
« nête et sensible répond aux caresses
« de son époux. Celle qui le prévient
« avec affectation, craint qu'il ne
« soupçonne qu'il est trompé, ou
« qu'il va l'être. »

Le jeune homme la devina, et parut s'estimer davantage pour l'avoir devinée.

Mylord avait trouvé une traduction

de Locke, et ne prenait pas garde à ce qui se passait autour de lui.

Pour moi, je ne me plaignais que de l'assiduité fatigante du jeune homme qui, à force de tourner, était revenu à côté de Juliette.

L'officier, après avoir épuisé tous les lieux communs que lui fournit sa mémoire, crut qu'il convenait à un homme comme lui de se faire exclusivement écouter. Il perdit de réputation quelques femmes dont il prétendait faire l'éloge; il en calomnia d'autres qui l'avaient apprécié à sa juste valeur. La marquise lui dit en ricanant qu'il était un méchant. Juliette le regarda d'un air de pitié. Le conseiller fut sur le point de lever les épaules, et la comtesse observa qu'on dit toujours des femmes trop de bien ou trop de mal; que la plus estimable est en effet celle dont on parle le moins;

que la femme du jour est rarement celle du lendemain, et que le plus grand tort que certains hommes puissent faire au sexe, c'est d'en parler de quelque manière que ce soit.

L'intarissable officier laissa les femmes, et se jeta à corps perdu dans la métaphysique. Il demanda à l'abbé s'il croyait en Dieu. L'abbé répondit, en s'inclinant, qu'il ne parlait jamais religion. Le conseiller demanda à son tour à l'officier s'il croyait au soleil :
« Parbleu, je le sens, répondit celui-
« ci. — Est-il si difficile, reprit le
« conseiller, de remonter de l'effet à
« la cause ? — Je ne connais ni les
« effets, ni les causes, continua l'offi-
« cier; mais je sais que les religions
« sont inutiles, et qu'on devrait s'en
« passer. Nos officiers de fortune pren-
« draient leurs invalides chez les
« bénédictins, qu'ils mettraient à la

« porte; nos officiers-généraux se-
« raient abbés commendataires, et
« on réserverait les évêchés pour mes-
« sieurs du régiment des gardes. On
« mènerait au moins une vie agréable,
« et on s'inquiéterait peu de l'autre,
« qui, dans le fait, est très-apocryphe,
« et n'a rien qui puisse tenter un ga-
« lant homme. Aussi je n'y crois point
« du tout, et il serait à désirer que
« tout le monde pensât comme moi,
« les choses en iraient bien mieux.

« Vous croyez donc, reprit le con-
« seiller, en s'échauffant un peu,
« vous croyez donc mourir tout en-
« tier? — Parbleu, je n'en doute pas,
« répliqua l'officier. — Où sont vos
« moyens de conviction, continua
« son adversaire? — Conviction?
« Quest-ce que cela? répartit l'offi-
« cier.

« Vous croyez donc, reprit à son

« tour la comtesse, qu'une société
« d'athées pourrait exister ? — Cer-
« tainement, madame. — Alors il n'y
« aurait plus de vertu. — Ni de pré-
« jugés.

« Vous allez un peu loin, madame
« la comtesse, dit le conseiller. Il est
« en effet impossible qu'une société
« d'athées se forme jamais, parce
« qu'un athée est un être pensant,
« et que la multitude ne pense point;
« mais si un peuple adoptait ce sys-
« tème, il pourrait exister et pros-
« pérer indépendamment de ses opi-
« nions. Des lois sages, administrées
« avec fermeté, sont le seul frein de
« la méchanceté humaine. Les lois
« divines menacent sans cesse, ne
« frappent jamais, et la crainte du
« supplice présent est plus puissante
« que celle d'un supplice éloigné,
« dont on n'a point d'idée précise.

« D'ailleurs, Dieu pardonne au cou-
« pable; on sait cela, et on y compte.
« Le parlement ne pardonne point, et
« on ne s'y joue pas; et puis l'athéisme
« suppose une éducation soignée,
« des connaissances, fruit de longues
« réflexions; et l'homme qui médite
« est rarement un scélérat. Le vérita-
« ble athée, s'il en est, ne compte que
« sur sa vie présente, il ne s'occupe
« qu'à jouir; et quelles peuvent être
« ses jouissances? les cherchera-t-il
« dans la débauche, qui le conduirait
« à l'infamie? dans le crime, dont
« la punition abrégerait des jours au-
« delà desquels il ne voit et n'attend
« rien? Il cultivera la vertu, parce
« qu'elle porte avec elle sa récompen-
« se. Il aimera ses semblables, pour en
« être aimé à son tour. Il soulagera
« l'humanité souffrante, pour obtenir
« des droits à la reconnaissance. Il sera

« bon époux, parce qu'une épouse
« chérie versera des fleurs à pleines
« mains sur les amertumes de sa vie.
« Il sera bon père, pour trouver un
« bon fils ; bon citoyen, pour acqué-
« rir de la considération. L'affection
« et l'estime de ceux qui l'entourent
« rempliront son cœur, et le ren-
« dront fier de lui-même, en le ren-
« dant heureux par les seuls moyens
« qu'il tient de la nature. Il sera à
« plaindre, sans doute, au moment
« où tout devra finir pour lui. Il s'é-
« teindra, sans espoir de renaître;
« son cœur se séchera à l'idée du néant
« absolu; mais aura-t-il été un far-
« deau inutile à la terre, et un fléau
« pour la société ?

« Je n'entreprendrai pas de vous
« répondre, dit la comtesse; de tels
« objets sont au-dessus de ma portée,
« je vous l'avoue avec humilité. Vous

« remarquerez seulement qu'il est une
« multitude de cas imprévus par ces
« lois humaines dont vous vantez la
« puissance, une foule de délits obs-
« curs qu'elles ne peuvent atteindre,
« et dont la multiplicité détruirait
« bientôt chez un peuple toute espèce
« de moralité. — Ces délits obscurs,
« reprit le conseiller, ne seront jamais
« commis par un véritable athée. Il ne
« s'enivrera point, de peur d'altérer sa
« santé; il ne jouera pas, de peur de per-
« dre sa fortune; il ne manquera point
« à sa parole, de peur qu'on ne viole
« celle qu'on lui aura donnée; il ne sé-
« duira point la femme de son voisin,
« de peur qu'on ne débauche la sienne.

« Et s'il n'aime point sa femme,
« continua l'officier, il couchera donc
« avec sa voisine ? — Cela se peut,
« monsieur; il est même possible
« qu'il assassine le voisin l'épée à la

« main, ou autrement; mais alors on
« le rompra comme on rompt un
« déiste, et tout sera dit.

« Laissons cela, poursuivit la com-
« tesse. J'aime à croire que le bien
« que j'ai fait n'entrera pas avec moi
« dans ma tombe. J'aime à revivre
« dans un monde inconnu sans doute,
« mais dont l'intime conviction me
« fait supporter celui-ci. Si c'est une
« erreur, elle me soutient, elle me
« console; il serait cruel de me la ravir.

« Mesdames, mesdames, s'écria
« l'officier, nous oublions l'Opéra.
« — Il est six heures et demie, con-
« tinua la marquise. Legros aura
« chanté son arriette; cela est est dé-
« sespérant. Qu'on fasse avancer ma
« voiture. — Ma voiture, dirent l'of-
« ficier et le prélat. »

Mylord donna la main à madame
d'Alleville. Je m'avançai pour offrir

la mienne à Juliette; le tourmentant jeune homme me prévint. Juliette ne pouvait le refuser; elle laissa prendre sa main, me regarda, et je l'entendis.

Mylord occupait le fond de sa voiture avec sa fille, le jeune homme prit une place de devant, le conseiller avait accepté la quatrième que Mylord lui avait offerte. Ce contre-temps m'affecta, et je montai dans le carossse de madame d'Alleville. Je ne pus résister à l'envie de connaître ce fâcheux jeune homme, que je trouvais sans cesse dans mon chemin. Je demandai qui il était. « C'est monsieur Abell,
« me répondit la comtesse, le fils du
« secrétaire d'ambasade de Sa Majesté
« Britannique, jeune homme bien né,
« et qui joint à un rare mérite une
« fortune considérable : vous serez
« bien aise de le connaître. » Cette connaissance ne me flattait pas du

tout, et je sentis que monsieur Abell ne serait jamais mon ami.

Nous arrivâmes à l'Opéra. Chacun s'arrangea selon son goût et son intérêt particulier. Je mis la comtesse dans sa loge, et j'entrai dans celle de Juliette. Elle n'était que de quatre places. Mylord n'aimait pas à être enfermé; il s'était mis dans le fond, et l'opiniâtre monsieur Abell était à côté de Miss. Il avait vaincu sa timidité; il parlait facilement, il parlait avec véhémence, et je n'entendais pas. Juliette était attentive, elle répondait avec circonspection; mais ses manières étaient affectueuses. Je souffrais beaucoup; ma tête se montait; une fureur concentrée s'emparait de mon cœur, et le poignait. Juliette s'approcha de l'oreille d'Abell et lui dit quelques mots. Il ne répondit pas; il lui sourit avec une expression... Oh, que ce sourire me fit de mal ! Vingt fois je fus prêt d'éclater; vingt fois j'invoquai la raison, et la cruelle ne me montra qu'un avenir affreux. Des mouvemens convulsifs agitaient tous mes membres. Juliette me regarda; il était temps. « Vous êtes un enfant, me dit-elle « tout bas. — Je me sens mourir, lui « répondis-je. — Que dit Monsieur? « reprit Abell. — Il ne voit pas, con-« tinua Juliette, et il est dur de ne « pas voir à l'Opéra. Faisons-lui un « peu de place. » Elle me prit la main, et m'attira sur le devant. « Que « vous me connaissez mal ! me dit-« elle ! — Je ne serais pas jaloux de « l'officier aux gardes. — Vous ne « devez l'être de personne. » Ce mot me fit un bien ! Il soulagea mon cœur; il rafraîchit mon sang; il me redonna la vie; je me serrais contre Juliette; je la touchais.... C'était elle; je l'avais

perdue ; je la retrouvais... J'étais heureux !.... « Remerciez Monsieur, me
« dit-elle tout haut. —Eh, de quoi ?
« lui répondis-je. — De l'opinion
« avantageuse qu'il a conçue de vous.
« Il m'a parlé d'abord de mon père
« et de moi. Il a daigné me dire de
« ces choses flatteuses qu'on ne croit
« pas quand on se rend justice, ajouta-
« t-elle en souriant, mais qu'on en-
« tend avec plaisir. Enfin, on a parlé
« de vous; Monsieur se connaît en
« hommes, et je l'en estime davan-
« tage. Cependant j'ai cru devoir
« ménager votre modestie, et je l'ai
« prié bien bas de ne pas vous laisser
« entendre tout le bien que nous di-
« sions de vous. » Monsieur Abell
me présenta la main; j'avançai la
mienne; je le saluai; il écouta les
acteurs, et je dis à Juliette: « Vous
« ne me deviez pas d'explication. —

« Je la devais à ma délicatesse. —
« Combien je suis confus ! Que de
« torts j'ai envers vous ! Juliette ! Ju-
« liette ! — Possédez-vous, jeune hom-
« me, ou vous nous perdrez tous deux.»
Mes yeux se portèrent enfin dans l'in-
térieur de la salle. Une assemblée
nombreuse et brillante, une salle ri-
chement décorée, une musique en-
chanteresse captivèrent un instant mon
attention. Je me lassai bientôt de voir
des spectateurs glacés, d'admirer une
construction mesquine, qui ne pouvait plaire qu'au premier coup d'œil,
d'entendre une continuité de sons fati-
gans pour l'oreille. J'examinai la scène
et tout m'y parut faux. L'acte finit;
Juliette et monsieur Abell me deman-
dèrent ce qui m'avait flatté. « Rien,
« leur répondis-je. J'ai vu des déco-
« rations très-bien peintes, et qui
« donneraient une idée de la nature

» sans la continuelle mobilité des
« châssis, et si on n'apercevait pas
« les lumières à travers des masses de
« colonnes, ou un fond de forêt. J'ai
« vu des changemens qui ne prouvent
« que l'adresse du machiniste, et
« qui nuisent à l'illusion. J'ai vu un
« char volant qui eût trompé mes
« yeux, s'ils n'eussent trouvé les cor-
« des qui le faisaient mouvoir. J'ai vu
« une mer de gaze d'argent, roulée
« sur des cylindres, et j'ai deviné la
« mécanique en voyant dans la cou-
« lisse l'homme qui faisait jouer la
« manivelle. J'ai vu des Grecs habil-
« lés en velours et en satin, des cas-
« ques de la composition du carton-
« nier, qui ne sont ni grecs ni ro-
« mains, ni persans, ni gaulois. J'ai
« vu une princesse en boucles collées
« et en chignon, chanter la pudeur
« en invitant d'un œil lascif les ama-

« teurs à venir souper chez elle. J'ai
« vu un héros chanter son amour,
« chanter son bonheur, chanter la
« trahison de sa belle, chanter son
« désespoir. Nous allons le voir sans
« doute chanter sa mort, les Champs-
« Elysées, et la métempsycose. J'ai vu
« des choristes compatir aux douleurs
« de leur maîtresse, en tenant toutes
« leurs mantes de la main gauche; en
« battant toutes la mesure de la main
« droite et en souriant au cintre à des
« amans qu'elles n'avaient pu placer
« dans la salle. J'ai vu des gardes du roi
« d'Epire en guêtres noires et en bottes
« à l'anglaise. Je vois des spectateurs
« qui s'efforcent de trouver cela char-
« mant, qui bâillent sans s'en aper-
« cevoir, et je bâillerais aussi, si je
« n'étais avec vous. Si du moins j'a-
« vais entendu un vers sur dix, j'aurais
« suivi l'action, j'aurais une idée du

« mérite du poëte. Comment travail-
« le-t-on pour ce théâtre ? — Vous
« ne savez donc pas, me dit monsieur
« Abell qu'on est convenu de s'ennuyer
« à l'Opéra, et qu'on ne vient ici que
« pour les ballets. — Allons, dis-je,
« attendons le ballet. » Le ballet commença. L'incroyable agilité des danseurs, la grâce de leurs mouvemens, l'expression de leur physionomie me séduisirent complètement, et forcèrent mon admiration ; bientôt cette admiration se ralentit; bientôt je ne vis plus que des gambades et des mines qui me fatiguèrent par leur uniformité
« Ce spectacle est ennuyeux, dis-je à
« Juliette. L'esprit n'y trouve pas
« d'aliment, le cœur n'y est point
« ému, on n'y parle qu'aux yeux. —
« Voyez cependant comme tout est
« plein, dit monsieur Abell. — Qu'est-
« ce que cela prouve, répliquai-je ?

« Tant pis pour qui n'a que des yeux. »
Le lendemain nous fûmes à la comédie française. On avait affiché l'*Iphigénie* de Racine. Je l'avais lue avec une ivresse !... Je me faisais une fête de la voir représenter !. Je ne fus pas trompé. C'étaient Lekain, Brisard, Dumesnil et Clairon. Quels vers ! quelle connaissance du cœur humain ! mais aussi quel à-plomb ! quelle intelligence ! quelle force, quelle vérité ! Je ne m'occupais ni de la salle, ni des spectateurs, ni des décorations. Je n'étais plus à la Comédie française; ces gens-là m'avaient transporté en Aulide. Beaux jours de la tragédie, êtes-vous perdus sans retour ? Un seul homme me les rappelle encore quelquefois. On le hait, on le critique, on est forcé de l'applaudir. Remplis ta carrière, Talma. L'envie veut arêter le char du génie; elle tombera sous la roue.

J'admirai dans la seconde pièce Préville, Molé, Dangeville, et Monvel qui se plaçait en débutant à côté de ses rivaux.

Je fus à la Comédie italienne, et je ne vis que Caillot. « Retournons « aux Français, dis-je à Juliette. Ce « n'est que là qu'on peut jouir. »

CHAPITRE II.

Grands événemens.

Mylord reçut ses fonds d'Angleterre en lettres-de-change sur les meilleurs banquiers de Paris, et on s'occupa sérieusement des moyens de les placer avec avantage. Le Docteur se chargea de visiter les environs de la capitale, et de choisir une terre dont l'air salubre et les sites pittoresques pussent convenir au goût et à la santé de Mylord. Il fut décidé qu'il y aurait un jardin anglais, qui réunirait les bois, les fleurs, les boulingrins, les cascades, les rochers, le pont cassé, la chaumière et la laiterie : ce devait être un abrégé de la nature.

S'il y manquait quelque chose, ou si rien de tout cela ne se trouvait dans une terre convenable d'ailleurs, Mylord se proposait de faire travailler sous ses yeux, et d'imiter parfaitement ses jardins du duché de Northumberland, au moyen de quoi il serait en Angleterre et en France tout à la fois. Le conseiller prévint Mylord de la nécessité d'obtenir des lettres de naturalisation pour garantir sa fille des petits inconvéniens du droit d'aubaine, que le brigandage imagina autrefois, et que les souverains maintiendront tant qu'ils pourront, parce qu'ils y trouvent leur compte. Mylord pria le conseiller de faire les démarches nécessaires; le conseiller promit d'agir, et moi je fus chargé de lire régulièrement les Petites-Affiches, et de prendre une note exacte des immeubles à vendre, parce qu'on se proposait de placer en fonds de terres labourables à peu près un million et demi, dont le produit servirait à l'entretien du jardin anglais, du château, de la table, de la garde-robe et de l'équipage de Mylord. Le surplus devait être mangé par sa fille, leurs amis communs, et le mérite indigent. Ces dispositions générales bien arrêtées, chacun s'occupa, en ce qui le concernait, de leur exécution.

Mylord allait fréquemment chez madame d'Alleville, qui aimait son caractère franc et loyal, quoiqu'un peu brusque. Elle le recevait avec plaisir; elle le distinguait de ces liaisons superficielles, et quelquefois incommodes, qu'on ne peut cependant éviter dans un certain monde; mais elle sortait peu, et ne venait à l'hôtel que les grands jours, tels que ceux où on célébrait la naissance de Mylord, de sa fille, ou du roi d'Angleterre, dont la naissance ou la mort doivent être à peu près égales à ses sujets, auxquels il n'a jamais fait ni bien ni mal. Un matin elle descendit de son vis-à-vis d'un air discret et important, et elle entra dans le cabinet de Mylord, où elle s'enferma avec lui pendant deux grandes heures. Le lendemain elle présenta messieurs Abell père et fils; le surlendemain elle s'arrêta encore à l'hôtel; elle avait eu des emplettes à faire; elle avait pris avec elle monsieur Abell fils, dont elle connaissait le bon goût; ils venaient de courir tout Paris ensemble; ils avaient mis à contribution tous les marchands de la rue Saint-Honoré; enfin, ils se trouvaient dans le quartier de Mylord, et venaient sans façon lui demander à dîner. Pendant ces premiers détails, que je commençais à ne pas trouver plaisans, deux laquais emplissaient l'antichambre de bagatelles, de bijoux, et d'étoffes, que madame d'Alleville voulait absolument faire admirer à Juliette, qui n'y trouvait rien d'admirable, et qui répondit aux marques d'amitié que lui prodiguait madame d'Alleville avec une froideur qui m'étonna, d'après l'opinion que Juliette avait conçue de cette dame. La comtesse, que rien ne rebutait quand elle avait entrepris ce qu'elle croyait être une action louable, continuait de nous montrer ses emplettes pièce à pièce, et soutenait seule la conversation. Une répétition, enrichie de brillans, avait fixé un moment l'attention de Juliette; la comtesse la présenta à Mylord, et lui dit: « Elle aimera « mieux la tenir de votre main que « de la mienne. » Mylord, sans réflexions sur la richesse du cadeau, sans se défendre de le recevoir, sans faire au moins les remercîmens d'usage, prit le bijou, et le plaça au côté de sa fille, qui demeura immobile d'étonnement et d'effroi. Mylord lui présenta la main, la conduisit à son cabinet ; madame d'Alleville et monsieur Abell les suivirent ; je demeurai seul. Je sentis que son mariage était décidé, et que tout était fini pour moi. Ma tête se troubla tout à coup; un voile épais s'étendit sur ma vue ; un amour indomptable, une jalousie effrénée, l'honneur dont j'étais l'esclave me tourmentaient, me déchiraient tour à tour. Je fis d'incroyables efforts pour me rappeler à ma bassesse, au dévouement absolu que je devais à Juliette et à son père; l'amour, l'impitoyable amour l'emportait sur la délicatesse, sur la reconnais-

sance; la vertu n'était plus écoutée; elle s'éteignait dans le fond de mon cœur. Mon corps trop faible ne put soutenir ce terrible combat; je succombai, et, pendant quelques momens, je cessai de souffrir. Je revins à moi; j'étais seul encore; je me levai avec peine; j'étais faible, sans idées suivies, incapable de prendre un parti. Je descendis; je rencontrai le domestique de Mylord, qui me demanda ce que j'avais. « Rien, lui
« répondis-je..... la fièvre, je crois.....
« une migraine.....Je ne dîne pas à
« l'hôtel. Mylord a des affaires sé-
« rieuses, je le gênerais peut-être.....
« Je vais chez un ami. — Voulez-vous
« que je fasse mettre les chevaux ?
« Vous n'êtes pas en état de marcher.
« — Je vous remercie; je sortirai à
« pied. Ne dites rien à Mylord de
« mon indisposition; mais préve-
« nez-le que je ne rentrerai que ce

« soir. » Je marchai au hasard, accablé, anéanti. Vingt fois je fus prêt à tomber sous les roues des voitures qui me touchaient, et que je ne voyais pas. Je ne me rappelle point par quelles rues je passai; mais je marchai long-temps, et au déclin du jour je me trouvai sur le Pont-Royal. On venait de retirer de l'eau un malheureux qui y avait perdu la vie. Ses membres étaient roides, sa figure livide; ses cheveux, ses vêtemens étaient couverts de fange; les passans, dégoûtés de ce hideux tableau, s'éloignaient rapidement. Je restai; je repus mes yeux de ce spectacle de mort et de putréfaction; je riais du rire affreux du délire et du désespoir; j'enviai le sort de cet infortuné, et je m'appuyai sur le parapet. L'onde était transparente, son cours était doux et tranquille, la lune commençait à en blanchir la surface; un vent frais agitait les feuilles des marronniers, le pêcheur, le marinier jouissaient d'un beau soir près de leurs épouses caressantes; tout me peignait le calme et le bonheur, tout m'invitait à vivre; mais l'enfer était dans mon cœur, et je voulais mourir. Ma main gauche, passée sous ma chemise, froissait et meurtrissait mon sein; ma main droite était fixée sur le parapet; mon corps s'avançait, mon œil égaré mesurait la hauteur du pont et la profondeur de l'eau; ma bouche desséchée s'ouvrait avec avidité, impatiente de boire le trépas; j'allais m'élancer.... On m'arrête par mon habit, on m'entraîne, on m'arrache à la mort; mais on me rend au malheur. C'était une pauvre femme qui m'avait observé, et à qui mes gestes et des mots entrecoupés avaient fait soupçonner quelque dessein sinistre. Elle me fit entrer dans un petit cabaret, et m'invita à manger. Je n'avais rien pris de la journée, et je me sentais défaillir. Je cédai à ses instances, et je me trouvai mieux Ma tête se remit, je retrouvai des idées. La bonne femme me parlait, je répondais, et quand elle me vit un peu tranquille, elle me reprocha dans son langage simple et naïf d'avoir voulu attenter sur moi-même. Elle parlait mal; mais ses principes étaient vrais, et je fus frappé de la solidité de ses raisonnemens. Je l'écoutai avec docilité; je me repentis; deux ruisseaux de larmes s'ouvrirent, et me soulagèrent beaucoup. La bonne femme pleura avec moi, me consola, et me conduisit chez elle.

Mon funeste secret n'était jamais sorti de mon sein : je ne pus le renfermer plus long-temps. Je nommai

Juliette, je peignis en traits de feu ses charmes, ses vertus et mon amour. Je ne me lassais pas de parler de Juliette ; je répétais les mêmes choses, et je croyais les dire pour la première fois. La bonne femme m'écoutait avec complaisance, me redisait ce que je venais de lui dire, et je l'écoutais à mon tour. Minuit sonna. « Retour-
« nez chez vous, me dit-elle, allez re-
« voir Juliette, que vous vouliez ne
« revoir jamais. Ce mariage n'est pas
« fait, peut-être ne se fera-t-il point.
« Juliette aura résisté, son père l'aime ;
« qui sait ce que le ciel vous ré-
« serve ? »

Le cœur humain réunit toutes les passions et tous les extrêmes. Je me jetai au cou de la bonne femme, je l'embrassai avec transport, je l'appelai ma mère, et je la forçai à prendre deux louis : c'était tout ce que j'avais au monde.

Je sortis de ce réduit, et je me trouvai dans la rue des Fossés-Saint-Victor. J'avais une grande lieue à faire, et je marchai très-vite. La rapidité de ma marche, la fraîcheur de la nuit, et surtout les dernières paroles de la bonne femme, me calmèrent peu à peu, et j'étais assez bien en entrant à l'hôtel. Le domestique de Mylord me dit que son maître m'avait attendu très-tard, qu'il avait paru très-agité, qu'enfin il s'était couché, et me priait de descendre chez lui de bonne heure. Je n'osai demander des nouvelles de Juliette, et je me renfermai dans ma chambre,

Vers les sept heures, j'entrai chez Mylord. Il était levé, et marchait à grands pas. Il vint au devant de moi, et me dit en anglais, que mon absence lui avait paru extraordinaire; que je devais savoir qu'il n'avait rien de caché pour moi ; que je ne lui serais jamais importun, et que jamais ma présence ne lui eût été aussi utile.

« Mon ami, ajouta-t-il, je vieillis, et
« ma fille a près de seize ans. Elle a tou-
« tes les qualités qui peuvent assurer
« le bonheur d'un honnête homme,
« et j'ai cru faire le sien en accor-
« dant sa main à M. Abell, qui l'aime
« tendrement, et qui lui convient sous
« tous les rapports. Il est jeune, beau,
« bien fait, riche, et ses mœurs sont
« irréprochables. Il est Anglais ; il con-
« sent à demeurer avec moi ; il me
« promet de me fermer les yeux. Je
« n'ai qu'un enfant, j'en allais avoir
« deux ; je me livrais à la douce idée
« d'augmenter ma famille, et de me
« voir renaître avant ma mort. Ju-
« liette trompe de si chères espé-
« rances ; elle se refuse à mes vues.
« Elle allègue sa grande jeunesse, son

« attachement pour moi, et d'autres
« raisons aussi légères qui ne m'en
« imposent point. Si Juliette n'aimait
« personne, elle aimerait M. Abell :
« il n'est point de femme qui ne fût
« vaine de sa recherche; il n'en est
« pas qui puisse raisonnablement lui
« refuser du retour. Cependant, mon
« ami, si Juliette aime, elle a donc
« fait un choix que je ne puis approu-
« ver, puisqu'elle m'en fait un mys-
« tère. Voilà ce qui me désole, et ce
« que je voudrais approfondir. Vous
« êtes son ami d'enfance, vous ne
« vous quittez pas; il n'est pas possi-
« ble que vous n'ayez au moins des
« soupçons sur l'objet de mes alarmes.
« Mon ami, si j'ai beaucoup fait pour
« vous, et si mes bienfaits vous ont
« attaché à moi, prouvez-moi votre
« reconnaissance. Dites-moi, que sa-
« vez-vous de Juliette? »

J'avais écouté Mylord avec une satisfaction difficile à lui cacher. Il était plus difficile encore de lui parler d'une manière positive sans compromettre Juliette, sans me trahir, et sans avoir recours au mensonge. J'employai ces lieux communs qui ne signifient rien, et qui ne prouvent que la difficulté et l'embarras de répondre. Mylord me regarda fixement. « Je vois, dit-il, que
« vous êtes instruit, et cependant vous
« vous taisez. Si Juliette vous a con-
« fié son secret, je n'exigerai pas que
« vous trompiez sa confiance; mais
« vous me devez autant qu'à ma fille.
« Allez la trouver de ma part; dites-
« lui que si dans les choses indiffé-
« rentes j'ai pu me prêter à ses goûts,
« je dois et je veux les combattre dans
« une circonstance qui va décider du
« sort de sa vie entière. Dites-lui que
« je n'approuverai jamais des pen-

« chans que la raison réprouve, et
« que la sienne peut facilement sur-
« monter; dites-lui enfin, que je la ver-
« rai avec sensibilité reconnaître mes
« soins et ma tendresse par la soumis-
« sion que j'ai lieu d'attendre d'elle,
« et qu'une plus longue résistance lui
« causerait des chagrins, sans rien
« changer à mes projets. »

Je rentrai dans ma chambre, et je me consultai sur la démarche que Mylord attendait de moi, et que je ne pouvais lui refuser. Sa confiance m'humiliait, je ne la méritais pas; mais je n'étais point assez vil pour concevoir l'idée de trahir lâchement mon bienfaiteur en pressant sa fille de lui désobéir. Je ne me sentais pas non plus assez fort pour être l'instrument de ma perte; et engager Juliette à se donner à Abell. A son nom seul je sentais se renouveller ces accès de fureur,

dont j'avais failli d'être la victime. Je restai quelque temps dans cet état d'anxiété et d'incertitude ; enfin, l'honneur l'emporta sur l'amour. « Non, je
« ne perdrai pas Juliette dans l'esprit
« de son père, m'écriai-je tout à coup.
« Non, elle ne renoncera pas à un
« établissement avantageux, pour garder son cœur à un infortuné qui ne
« peut être à elle. Je lui parlerai, je
« la persuaderai, et quel que soit
« mon sort, je ne serai pas tout-à-fait
« malheureux, si j'ai contribué moi-
« même à son bonheur.... A son bonheur !..... Oui, elle peut être heureuse. Mon amour ne me rend pas
« injuste : Abell est fait pour être aimé ; elle l'aimera quand elle s'en
« sera imposé le devoir. » La jeunesse est enthousiaste : je trouvai de l'héroïsme à sacrifier plus que ma vie, à assurer la félicité d'un rival, et j'entrai

chez Juliette bien décidé à consommer mon sacrifice.

Elle était abattue, pâle, défaite, et il me sembla qu'elle avait pleuré. Je m'approchai en silence; nous nous regardâmes quelque temps. « C'est vous, « me dit-elle enfin; je ne vous ai pas « vu hier, et bientôt je ne pourrai « plus vous voir. On veut que je m'immole, on a fixé le jour, on compte « sur la soumission de la victime. « Happy, mon cher Happy, il faut « donc renoncer aux erreurs de notre « enfance ! Hélas ! elles ont fait six ans « mon bonheur.... Il faut nous séparer, mourir éloignés l'un de l'autre, « sans appui, sans consolation.... Mon « ami, je n'en ai pas le courage, je « ne le peux pas, l'effort est impossible. » Elle s'attendrit en finissant de parler, ses larmes coulèrent; elles me firent oublier ce que je m'étais promis, ce que je devais à son père : l'amour reprit son empire. Je ne vis plus que Juliette; Juliette que j'adorais, que j'allais perdre, et sans qui je ne pouvais vivre. Son bras était jeté autour de mon cou, son autre main tenait la mienne et la pressait doucement; elle laissa aller sa tête sur mon sein; elle y déposait ses larmes brûlantes, et j'y mêlais les miennes. « Happy.... Happy, me dit-elle d'une voix « étouffée, renoncer à toi c'est mourir ; me livrer à un autre, est un « supplice lent et cruel qui effraie, « qui révolte mon imagination.... « Happy! Happy!.... » Et elle me pressa contre son cœur, et sa bouche se colla sur la mienne. La foudre n'est pas plus prompte que le feu terrible qui s'alluma dans mes veines. Je n'eus plus la force de réfléchir, ni de résister. Des baisers de feu se succédèrent avec rapidité, et Juliette s'égara à son tour. Je ne respectais plus rien ; mes mains avides souillaient les trésors de l'amour, et Juliette, oubliant l'univers, s'oubliant elle-même, n'opposait plus de résistance ; j'invoquais le bonheur, et je touchais au crime : j'allais le consommer.... Sa vertu mourante fit un dernier effort. « Grâce, grâce, « me dit-elle...., veux-tu abuser de « ma faiblesse, me rendre vile à tes « propres yeux ?.... Tu me vois sans « défense ; mais je ne survivrai pas à « mon infamie.... Veux-tu me donner « la mort ?.... Grâce, grâce, épargne « ta Juliette » : et elle tomba à mes genoux. Son humiliation, son air suppliant, le désordre où je l'avais mise me frappèrent, et je me fis horreur. Je la relevai, je la remis sur sa chaise longue, et je m'éloignai sans oser lever les yeux sur elle, et sans proférer un seul mot.

Je retournai dans ma chambre, en proie aux tourmens qui suivent les forfaits. Juliette outragée, implorant ma générosité avec une douceur angélique; ma brutalité, ma bassesse, bourrelaient mon cœur, et je maudis la compassion de la bonne femme qui m'avait arraché à la mort. « J'aurais,
« m'écriai-je, j'aurais emporté au tom-
« beau sa tendresse et son estime : je
« vivrai pour être l'objet de sa haine
« et de son mépris. »

Mylord entra ; il me demanda si j'avais vu sa fille : je lui répondis que oui. Il m'interrogea sur ses dispositions; j'hésitai, je divaguai, je me troublai. Mylord me prit par le bras, me conduisit à son cabinet, et s'y enferma avec moi. « Je sais maintenant, me dit-il,
« ce que je dois penser de la résis-
« tance de ma fille ; et je sens trop tard
« la faute que j'ai commisse. Mais

« pouvais-je croire qu'un malheureux
« que j'ai tiré de la misère, et que j'ai
« comblé de bienfaits, portât le trou-
« ble dans ma maison? Vous me fe-
« rier haïr la vertu, si je pensais que
« tous les humains vous ressemblas-
« sent. » Je frémis. « Répondez, re-
« prit-il avec force : ma fille est-elle
« perdue sans retour? Est-elle indigne
« des vœux d'un honnête homme?
« M'avez-vous mis au point de pleu-
« rer sa naissance, et de souhaiter sa
« mort? » Le sentiment de mon infamie me fermait la bouche; ma langue
glacée était incapable de rien articuler.
Mylord prit mon silence pour un aveu.
Ses yeux s'allumèrent, son geste était
menaçant, il allait se porter aux dernières violences, quand on frappa à
la porte : c'était Juliette. « Mon père,
« dit-elle avec une dignité froide, j'ai
« cru pouvoir vous résister : je sens

« trop maintenant que ce n'est pas
« moi que je dois croire. C'est à votre
« expérience, à votre tendresse, à dé-
« cider de mon sort. Vous me propo-
« sez la main de M. Abell, je l'ac-
« cepte et je l'aimerai sans doute;
« un homme honnête et délicat peut
« seul posséder mon cœur », et elle
me lança un regard qui m'atterra. Je
m'étais conduit comme un lâche; sa
fierté était révoltée, et elle voulait me
punir. Hélas! elle ne sentait pas
qu'elle frappait deux victimes.

Son père l'embrassa tendrement,
la remercia de ce qu'il appelait son
bonheur, demanda son carrosse, m'y
fit monter avec lui, et se fit conduire
chez M. Abell. « Je me suis trompé
« à l'égard de ma fille, me dit-il;
« son cœur est libre, et j'en suis
« enchanté. Mais j'ai lu dans le vôtre:
« ce mariage le désespère, et vous

« n'en serez pas témoin. Je me re-
« proche la dureté avec laquelle je
« vous ai parlé tantôt; vous avez pu
« être sensible au mérite de Juliette,
« sans être criminel, et je ne vous
« abandonnerai pas. J'ai encore quel-
« ques fonds à recouvrer; vous par-
« tirez demain pour Londres. Le
« temps, l'absence vous rendront à
« vous-même, et vous ne reviendrez
« à Paris que quand vous m'aurez
« donné votre parole d'honneur que
« vous pourrez revoir Juliette sans
« danger. Je vous estime assez pour
« vous croire incapable de me trom-
« per. »

Nous traversions le Pont-Neuf ;
quelqu'un sortit du café Conti, et fit
arrêter le cocher: c'était M. Abell
père. « J'allais chez vous, lui dit
« Mylord; montez dans ma voiture.
« —Un moment, répondit M. Abell,

« je lis le *Morning Chronicle*, qui
« annonce des événemens désastreux.
« —Pour l'Angleterre, reprit Mylord?
« —Oui, dit M. Abell. Nos colonies
« septentrionales se séparent de la
« mère-patrie : notre commerce est
« perdu. » Mylord descendit aussitôt, entra dans le café, et demanda
le journal. Quelques Anglais s'entretenaient des premières étincelles d'une
insurrection qui ne pouvait avoir que
des suites funestes, de quelque côté
que demeurât l'avantage. Deux ou
trois Français parlèrent de l'abaissement de l'Angleterre comme d'une
chose certaine, pour peu que la cour
de France voulût aider les insurgés.
Mylord s'échauffa, et déclara que le
cabinet de Versailles ne prouverait
que son astuce et sa faiblesse en
s'immisçant dans les affaires d'une
nation avec qui il était en paix, et

qui lui avait souvent prouvé qu'on ne l'offense pas impunément. Un jeune homme lui répondit que l'Angleterre était parvenue au plus haut degré de splendeur, qu'elle ne pouvait plus que décroître, et que le moment de sa décadence était arrivé. Mylord s'emporta, et M. Abell ne parvint qu'avec beaucoup de peine à le ramener à des expressions mesurées. L'officier aux gardes que j'avais vu chez madame d'alleville, entra dans le café, et dit, en sautillant, que le gouvernement faisait partir le marquis de La Fayette et une foule d'officiers français, pour discipliner les Américains, et les aider à secouer le joug de l'Angleterre; qu'il se proposait de se joindre à eux, et qu'il était bien aise de voir comment on soutiendrait l'indépendance américaine. Mylord ne put se contenir davantage. Il s'écria qu'il était étonnant que des colonies anglaises voulussent devoir quelque chose à un despote qui violait ouvertement la foi des traités. M. Abell le fit sortir du café, et l'obligea à remonter en voiture; il y monta après lui, et nous arrivâmes chez l'Ambassadeur d'Angleterre. Je remarquai, en descendant, un homme qu'il me sembla avoir vu dans le café; mais je n'y fis qu'une légère attention. Il entra chez le suisse, et nous chez M. Abell. Les deux pères s'entretinrent long-temps près d'une croisée; enfin, ils se prirent affectueusement la main, et on fit appeller M. Abell fils. Il apprit, avec une joie douce, que son mariage était arrêté pour le lendemain, et que la cérémonie se ferait dans la chapelle de l'ambassadeur. Pour moi, j'étais malheureux au point que ce mariage ne m'affectait plus.

C'était la colère de Juliette qui me désespérait; je l'avais méritée, et ce devait être mon éternel supplice.

Nous sortîmes de chez M. Abell, et Mylord me répéta l'ordre précis de me tenir prêt à partir à la pointe du jour. Je fus frappé, en rentrant, de revoir l'homme que j'avais remarqué à la porte de l'ambassadeur; mais j'avais oublié la scène du café : je n'étais occupé que de mon départ, et du chagrin cuisant de passer les mers chargé de l'indignation de Juliette. Je me mis à mon secrétaire; je laissai courir ma plume, j'écrivis tout ce que m'inspirèrent mon désespoir et mon repentir. J'allais fermer ma lettre, quand je pensai que je n'avais personne à qui je pusse la confier; et, pour ma vie, je n'aurais osé la remettre moi-même. D'ailleurs, je réfléchis aux suites de cette dé-

marche. « Je la connais, m'écriai-je;
« si elle me pardonne, elle me ren-
« dra son estime et son amour; elle
« rompra ce funeste mariage, elle
« encourra la disgrâce de son père,
« et je leur aurai ravi le repos à tous
« deux. Non, qu'elle me croie sans
« mœurs, sans principes, et même
» sans amour ; qu'elle épouse Abell,
« qu'elle m'oublie, et que l'Océan m'en-
« gloutisse. » Je déchirai ma lettre en
mille pièces; je me levai, je marchai
à grands pas dans ma chambre, je
pris une valise, j'y mis un habit, des
chemises et quelques mouchoirs. On
vint m'avertir qu'on avait servi; je
refusai de descendre. Mylord m'en-
voya à dîner; je pris un doigt de vin,
et je me jetai sur mon lit, dévoré
par les furies, et rassemblant sur
moi seul tous les maux qui peuvent
accabler un mortel.

Dans le courant de l'après-midi je reçus un paquet de Mylord. C'étaient des lettres de recommandation, et un rouleau de cinquante louis.

Vers le soir tout était dans un profond silence ; j'ouvris ma porte, je sortis sur le palier. Je trouvai le domestique : il me dit que Mylord était en ville avec sa fille, et qu'un inconnu était monté derrière la voiture au détour de la rue. Je rentrai. J'écrivis une seconde lettre, et je la déchirai par les mêmes motifs qui m'avaient fait déchirer la première.

A dix heures je sortis encore; j'écoutai, je n'entendis rien, et je me hasardai à descendre. J'entrai dans son cabinet de toilette; je mis sa chaise devant la glace, je me mis derrière la chaise, et je dis: « C'est ici que « pour la première fois elle a souri « à mon amour; c'est ici qu'elle a

« trouvé mes premiers caractères ; « c'est ici qu'elle y a répondu. » Un papier sortait d'une des boîtes, je le tirai ; c'était la sonate à quatre mains, et elle avait écrit sur la première feuille : *Il a prouvé que les talens et l'art de plaire sont de tous les états.* Dans le milieu de la sonate je trouvai la feuille où j'avais écrit il y avait cinq ans : *Voilà l'usage que je fais de vos bienfaits.* Elle avait mis au bas : *Je verrai quel usage il fera de son cœur.* Je soupirai amèrement ; je me retournai, et je vis une robe de son enfance. C'était celle qu'elle portait le jour où elle me défendit de prendre des leçons de Fanchon ; j'en coupai un morceau, et je le mis dans mon sein. Je passai dans le salon : le piano était ouvert, je m'y assis ; je regardai les touches, je les baisai ; je baisai les pédales,

encore empreintes de la poussière de ses pieds. Je me levai, je sortis en silence, les yeux baissés, et recueilli. Ma bouche ne trouva pas une parole, et mes yeux me refusèrent des larmes: cependant je suffoquais.... Je me remis sur mon lit, dans un accablement qui ressemblait à la mort. Bientôt la voiture de Mylord s'arrêta à la porte de l'hôtel; je me couchai à terre, j'approchai mon oreille du parquet, j'écoutai attentivement, je reconnus les pas de Juliette, et je tressaillis. « C'en est trop, m'écriai-
« je, il faut partir, et sans délai;
« chaque minute ajoute à mes tour-
« mens. » Je prends ma valise, je la mets sous mon bras; j'ouvre ma porte; le domestique se présente, et me dit que la maison était pleine de gens qui s'étaient fait ouvrir *de par le roi*, et qu'on marchait à l'appartement

de Mylord. J'y courus : on avait enfoncé la porte. Mylord avait sauté sur ses pistolets, et menaçait quiconque oserait l'approcher. J'étais sans armes, je saisis un chenet, et je me rangeai près de Mylord. Un homme qui paraissait commander aux autres, tira des papiers de sa poche : c'étaient deux lettres-de-cachet. L'une envoyait Mylord à la Bastille ; l'autre ordonnait à la supérieure des dames Anglaises de recevoir sa fille, de la garder, et de l'instruire dans la religion catholique romaine. Cet homme, après avoir fait lecture de ces pièces, somma Mylord d'obéir. Mylord lui répondit par un coup de pistolet, et lui cassa la cuisse. Aussitôt toutes les épées se tirèrent, et on nous environna. Je me jetai dans la foule ; je renversai, avec mon chenet, tout ce qui osait me résister ; je me battais avec la fureur du désespoir : je voulais me faire tuer. Juliette avait passé à la hâte une robe du matin ; elle accourut, et se précipita au milieu des armes. Un de ces malheureux osa mettre la main sur elle ; je l'étendis à mes pieds. J'étais éloigné de Mylord, qui avait toujours gardé son second coup ; on le serre, il tire, son arme manque, les lâches se jettent sur lui ; je me fais jour, et je le dégage. Nous étions dans un angle, où je le défendais avec acharnement ; cependant on nous pressait de toutes parts, mon bras fatigué ne pouvait plus soulever son arme, et nous allions succomber. Le digne domestique de Mylord parut armé d'un coutelas, et changea la face du combat. Tous ses coups étaient décisifs ; mon courage se ranima, je le secondai avec vigueur, et bientôt le sang, ruisselant de toutes parts, inonda le parquet. La rage des assaillans, les cris des blessés, les sanglots de Juliette, l'alarme répandue par les fuyards, attirèrent en un instant plusieurs escouades du guet qui se présentèrent la baïonnette en avant, en menaçant de faire feu. Je sentis que Mylord était perdu; mais je ne désespérai pas de sauver Juliette. Le brave domestique venait de tomber, percé d'un coup de baïonnette; Mylord avait ramassé le coutelas : tous les efforts étaient réunis contre lui. Je me rejetai dans la foule, je laissai couler mon arme à terre, je cherchai Juliette, et je la trouvai dans un état qui eût attendri des tigres. Ses cheveux étaient épars, sa vue égarée, son sein palpitait, son sang coulait en abondance d'une blessure qu'elle avait reçue au bras. Je l'enlevai, et je me présentai à la porte. Un

sergent m'arrêta. « Je réponds de la
« fille, lui dis-je; je vais la mettre
« dans la voiture. Saisissez-vous du
« père, et sur-tout ne le blessez pas.
« —Ah! vous êtes des nôtres, » me
répondit le sergent, et il me laissa
passer. Je descendis l'escalier qui était
couvert de gardes, et je criai: « La
« voilà, la voilà, c'est moi qui l'ai
« arrêtée. La voiture est-elle là? —
« Eh! sans doute, me répondit-on. »
J'arrivai à la porte de la rue; le cocher
m'aida à monter Juliette; je me plaçai à côté d'elle, et deux hommes
du guet se présentèrent pour m'accompagner. « Je n'ai besoin de per-
« sonne, leur dis-je; c'est un enfant,
« je la conduirai seul: mais secondez
« vos camarades; cet Anglais se dé-
« fend comme un lion. » Ils remontèrent précipitamment, et j'ordonnai
au cocher de marcher. Il me demanda

si monsieur Marais m'avait remis la lettre-de-cachet. « Marche, lui ré-
« pondis-je, je suis en règle; » et nous partîmes. A peines eûmes-nous fait cinq cents pas, que je fus saisi d'une crainte nouvelle. Le cocher était sans doute un homme vendu à la police, et je ne savais pas comment je m'en déferais. Si j'employais la violence, les différens postes lui prêteraient main-forte; si j'essayais de le gagner, et qu'il refusât mes offres, Juliette perdait sa liberté. Je tourmentais mon imagination, et je me désolais de ne trouver aucun moyen. Nous arrivâmes sur le pont Notre-Dame. Le cocher reconnut quelques soldats de la garde, et s'arrêta. « Où vas-tu, Nicolas, lui
« dit l'un d'eux. — Je conduis une
« jeune fille aux Dames Anglaises. —
« Une jeune fille ? reprit le soldat,
« ça n'est pas dangereux : rien n'em-

« pêche de boire le petit coup en
« passant. — Voulez-vous me le per-
« mettre, me demanda monsieur
« Nicolas ? — Parbleu, s'il te le per-
« mettra ! — Est-ce un inspecteur ?
« — Non, dit Nicolas, c'est tout
« bonnement un observateur. — En
« ce cas, reprit l'autre, il boira avec
« nous, » et il me présenta un verre
d'eau-de-vie que je me gardai bien
de refuser. « A mon tour, compère
« Durand, » dit Nicolas ; et Nicolas
but à son tour. « Voilà de l'argent,
« lui dis-je ; vas chercher une pinte
« de rogomme et une livre de sucre,
« nous ferons de l'eau-de-vie brûlée.
« Je veux régaler Durand ; j'ai fait
« quelques expéditions avec lui ; c'est
« un luron. — Pas vrai, camarade,
« reprit Durand ? Va pour l'eau-de-
« vie brûlée, et Nicolas partit. Chez
« la commère Dupré, lui cria Durand ;

« elle se lève à toute heure. » Pendant l'absence de Nicolas, Durand et ses camarades ne cessèrent de me questionner, et m'embarrassaient beaucoup. Je n'entendais pas l'argot, je tremblais de répondre mal; j'étais dans des transes mortelles. Nicolas revint avec son sucre et son rogomme, et je lui dis d'entrer au corps-de-garde et de se hâter, parce qu'il serait bientôt jour. Le compère Durand me proposa de descendre. Je répondis que je ne pouvais pas quitter ma prisonnière. « Eh, parbleu, re-
« prit Durand, elle descendra aussi :
« un petit verre la consolera. — Non
« pas, Durand, répondis-je; c'est la
« fille d'un mylord. — Ah! reprit
« Durand, je ne dis plus rien; ce
« n'est pas là du gibier de corps-de-
« garde; » et il fut aider à Nicolas. Tous les soldats se rangèrent autour

de la gamelle ; le factionnaire qui convoitait sa part de l'eau-de-vie brûlée, la regardait faire à travers la croisée ; Nicolas chantait en tournant le sucre ; les autres faisaient chorus. J'ouvris bien doucement la portière à droite, je descendis, je pris Juliette, et je la portai sur le trottoir en face, masqué par la voiture. J'espérais qu'elle pourrait marcher : elle était sans connaissance. Je la soutins sous les bras, et j'avançai en tournant la tête à chaque pas. L'eau-de-vie brûlée occupait et cocher, et soldats, et factionnaire, et j'arrivai heureusement au coin de la rue des Marmousets. Là, je repris Juliette dans mes bras, et je m'enfonçai dans le cloître. Pas une âme dans les rues, pas une maison ouverte, et Juliette avait besoin de secours. Je n'osais frapper à aucune porte, de peur d'être entendu du corps-de-garde, et j'allai jusqu'auprès de la cathédrale. On la réparait; le parvis était couvert d'énormes pierres : c'est là que je déposai mon précieux fardeau; c'est entre ces pierres que je le cachai.

Je prêtai l'oreille pendant quelques minutes. Je n'entendis d'autre bruit que celui d'un filet d'eau qui coulait à peu de distance : je parlai à Juliette; elle était encore évanouie. Je pris ses mains; elles étaient froides; je jetai un cri; je sentis aussitôt mon imprudence, et je me tus. J'ôtai mon habit, et je l'en couvris; j'enveloppai ses pieds dans ma veste; je m'assis, et je plaçai sa tête sur mes genoux. Je repris ses mains, je les tins quelques minutes dans les miennes, et je reconnus que la chaleur se reportait aux extrémités. Le mouvement du pouls devint sensible : je respirai enfin.

J'écoutai encore; le même silence régnait autour de nous. Je l'appelai plusieurs fois, et je crus voir à la sombre lueur d'un réverbère qu'elle entrouvrait les yeux. Je continuai de lui parler; mon nom fut le premier mot qu'elle articula. Elle paraissait sortir d'un songe pénible; elle cherchait ses idées; elle me fixa; elle me reconnut; elle poussa un long soupir, mais qui n'était pas douloureux. «Vous
« ne m'avez donc pas abandonnée?
« me dit-elle enfin. — M'en avez-
« vous cru capable? — Et mon père,
« qu'est-il devenu? — Il est sans doute
« arrêté. — Vous l'avez souffert! — Je
« n'avais plus d'autre espoir que de
« mourir à ses côtés, et je n'aurais
« pas sauvé sa fille! Elle se tut, et se recueillit un moment. « Où som-
« mes-nous? dit-elle. — Dans la rue.
« — Je n'ai donc plus d'asile! —

« Vous avez des amis. — Je souffre
« beaucoup du bras. » J'y regardai;
je le touchai; il me parut que le sang
était arrêté. Je voulus dégager le bras
de la manche : l'étoffe était collée à la
peau. Je cherchai la fontaine; je la
trouvai, guidé par le murmure de
l'eau. J'enfonçai la forme de mon
chapeau, je l'emplis, je revins, je
mouillai mon mouchoir, j'humectai
doucement la manche, elle se déta-
cha, et je la tirai. Je lavai la plaie, et
je jugeai que c'était la pointe d'une
épée, qui, dans le désordre, avait tra-
versé les chairs. Je déchirai ma chemise, et je bandai la blessure. J'essayai
de remettre la manche; je ne pus pas
y réussir. « J'ai la bouche brûlante.
« me dit-elle. » Je retournai à la fontaine. Je l'invitai à boire; elle but, et
se trouva mieux.

Le crépuscule commençait à blan-

chir le haut des toits. Déjà je distinguais les taches de sang qui couvraient ses vêtemens et les miens. Il était impossible de rester plus long-temps où nous étions ; je le lui dis, et elle se leva. « Où irons-nous ? » me dit-elle. Je lui proposai la maison de madame d'Alleville, du conseiller, ou du médecin. Elle ne me répondait pas. « Pré-
« férez-vous, lui dis-je avec timidité,
« de vous retirer chez messieurs
« Abell ? — Non, dit-elle avec force ;
« allons chez madame d'Alleville. »
Elle s'appuya sur mon bras, et nous marchâmes. Nous n'avions pas fait cinquante pas qu'elle s'arrêta. Je lui demandai ce qu'elle avait. « Je pense,
« me dit-elle, que je ne serai pas en
» sûreté chez madame d'Alleville, et
« que je la compromettrai. On con-
« naît les amis de mon père ; on aura
« les yeux sur eux. Ils ont tous des

« maisons montées, un domestique
« nombreux; ils reçoivent du monde;
« je serai vue, reconnue, arrêtée.
« N'allons pas chez madame d'Alle-
« ville. — Et où aller? lui répon-
« dis-je; vous êtes dans un état à faire
« pitié. Madame d'Alleville vous don-
« nera du linge, une robe. Si elle
« juge que vous ne puissiez pas res-
« ter chez elle, vous serez du moins
« en état de sortir, et de chercher une
« autre retraite. — Êtes-vous sûr que
« les gens de la police ne soient pas
« déjà à sa porte ? » Cette réflexion
m'accabla. Le temps pressait; il fallait
se décider, et nous ne décidions rien;
nous nous regardions, et nous soupi-
rions. Elle laissa tomber sa tête sur sa
poitrine, et me dit : « Conduisez-moi
« au premier corps-de-garde, et éloi-
« gnez-vous; je subirai mon sort. »
Elle fouilla à sa poche, et dit : « Je

« n'ai pas ma bourse; je ne peux plus
« rien pour vous, que vous pardonner
« l'outrage que vous m'avez fait hier.
« Je vous pardonne; vivez en paix,
« soyez homme de bien, le ciel nous
« réunira peut-être quelque jour. »
Elle reprit mon bras, et voulut me
faire avancer. « Non, lui dis-je, en san-
« glotant, je ne vous livrerai pas à
« ces barbares, après vous avoir dé-
« fendue, après vous avoir ôté de
« leurs mains. — Je le veux, répli-
« qua-t-elle; obéissez. » Je résistais,
je la retenais, je suppliais..... Tout à
coup je pensai à ma bonne femme...
« Elle m'a sauvé la vie, m'écriai-je;
« elle ne vous refusera pas un asile,
« et je l'entraînai avec précipitation.
« — Qui donc?... qui donc? me de-
« mandait Juliette. Quand votre vie
« a-t-elle été exposée? Qui est cette
« femme à qui je la dois? » Il fallut

lui raconter en marchant ce qui m'était arrivé sur le Pont-Royal. « Cruel « jeune homme, me dit-elle, avez-« vous pensé que je pourrais vous sur-« vivre?..... Que j'aime votre bonne « femme! C'est-là qu'il faut aller. La « pauvreté est hospitalière; son obs-« curité fera notre sûreté. » Nous ne marchions plus, nous volions. Nous entrâmes dans la rue des Fossés-Saint-Victor. Je regardais toutes les maisons les unes après les autres. Je tremblais de ne pas retrouver celle de ma bonne femme; je ne l'avais pas remarquée : je me rappelais seulement que la porte était étroite, et que l'escalier était en face dans le fond de l'allée. J'entrai dans plusieurs maisons qu'on n'avait pas daigné fermer, et où on reposait avec la sécurité de la misère, et d'une conscience tranquille. L'escalier était à droite ou à gauche, et je disais : « Ce n'est pas ici, » et nous cherchions plus loin. Il y avait une demi heure au moins que nous allions, que nous revenions; il était jour, j'entendais du mouvement de différens côtés, et je ne trouvais pas cette maison si désirée. Mes forces s'épuisaient; j'étais abattu, découragé : une porte s'ouvrit; plusieurs personnes parurent dans la rue, et nous nous jetâmes dans une allée. On venait de notre côté, et nous nous retirâmes dans le fond. Mon pied se posa sur une marche; j'avançai la main, je sentis une grosse rampe de bois : « Je crois que c'est ici, « dis-je à Juliette, » et nous montâmes jusqu'au cinquième. Je regardais, et je ne reconnaissais rien. Au sixième, je m'arrêtai devant une porte qui ressemblait assez à celle de ma bonne femme. Je craignais de frapper; je n'étais pas sûr que ce fût là. Cependant si cette chambre était habitée,

j'espérais qu'on ne nous refuserait pas de la compassion et du secours. J'entendais marcher dans la rue : nous ne pouvions plus sortir sans être remarqués, suivis, et sans doute arrêtés : je frappai. « Qui est là, répondit-on ? —
« C'est sa voix, c'est sa voix, m'é-
« criai-je, nous sommes sauvés ! Ou-
« vrez, ma bonne femme ; c'est le
« jeune homme du Pont-Royal, c'est
« sa malheureuse Juliette, persécutée,
« poursuivie, et qui n'a plus d'espoir
« qu'en vous. — J'y vais, répondit-
« elle. » Elle ouvrit, et resta interdite. « Que signifient, me dit-elle, ce
« désordre, ce sang ? Malheureux !
« vous venez de commettre un crime;
« je ne vous recevrai pas. » Elle poussa sa porte sur nous, et tourna la clef.
« Écoutez-moi, lui dis-je à travers la
« serrure : sauvez-moi encore une fois
« la vie; » et je lui contai le plus suc-

cinctement que je le pus, les événemens de cette nuit désastreuse. « Tout cela « est-il bien vrai? dit-elle en ouvrant « sa porte une seconde fois. — Ma « bonne mère, lui dit Juliette, jamais « le mensonge n'a souillé nos lèvres : « nous sommes bien à plaindre; nous « ne sommes pas coupables.—Entrez « donc, reprit la bonne femme, et « elle s'enferma avec nous. Pardon-« nez-moi, continua-t-elle, de vous « avoir soupçonnés; mais c'est que « c'tamour fait faire tant de sottises! « Allons, mon beau monsieur, aidez-« moi à soulager cette aimable de-« moiselle. » Elle tira de son bahut des draps très-gros et très-blancs; et pendant que j'arrangeais le lit, elle aidait Juliette à se déshabiller. Quand elle fut couchée, la bonne femme prit un vieux sabot, alla frapper chez sa voisine, revint avec un charbon allumé, referma sa porte, rassembla quelques tisons, et soufla. Elle mit du bouillon dans un petit pot de terre et le fit chauffer. « Ça lui fera du bien, « me disait-elle. » Je la remerciais, je la caressais, et elle me souriait en versant le bouillon dans une écuelle fêlée. « Je n'ai que du pain ; mais il est blanc, « et je suis propre. On peut le man- « ger sans répugnance ; » et elle en mit une tranche dans le bouillon. « Allons, ma belle enfant, dit-elle à « Juliette, prenez cela ; un peu de « courage. Dieu est bon, et la mère « Jacquot ne vous abandonnera pas. » Juliette exigea que je partageasse avec elle. J'étais exténué, et j'obéis. « Vous « êtes agitée, disait la mère Jacquot « à Juliette. — Le sort de mon père « m'affecte cruellement, » lui répondait cette tendre fille ; et je lui cachais mes propres inquiétudes pour ne pas ajouter aux siennes. La mère Jacquot lui promit de prendre des informations dans les environs de l'hôtel; je me proposai de voir M. Abell le père, ou l'ambassadeur d'Angleterre lui-même, aussitôt que j'aurais un habit et du linge : nos promesses la calmèrent un peu. Nous mîmes de l'eau et du sel sur sa blessure, qui n'avait rien d'inquiétant ; je pris une escabelle ; je la portai près de son lit, et je m'assis à côté d'elle. Nous étions accablés de fatigue ; nous cédâmes insensiblement au besoin le plus pressant : nous nous endormîmes tous les deux.

CHAPITRE III.

Elle est à moi.

« Mes petits enfans, nous dit la
« mère Jacquot, quand nous fûmes
« réveillés, vous avez dormi quatre
« bonnes heures, et vous êtes, grâce
« au ciel, en état de m'entendre. Je
« vous dirai d'abord et d'un, que je
« viens de courir les alentours de
« votre hôtel. Tout le quartier est
« encore en l'air ; on n'y parle que du
« combat que ce pauvre Mylord a
« soutenu contre toute la pousse. J'ai
« demandé ce qu'était devenu ce cher
« homme : on n'en sait rien. Ce qui
« paraît certain, c'est qu'en ce mo-
« ment le commissaire du quartier
« met les scellés par tout, car tout

« le monde le dit. J'ai voulu entrer à
« l'hôtel, pour voir par mes yeux et
« entendre par mes oreilles ; un fac-
« tionnaire malhonnête m'a jeté d'un
« coup de bourrade sur le tonneau
« d'une ravaudeuse, le tonneau et
« moi nous avons roulé au beau mi-
« lieu de la rue. Je me suis relevée,
« j'ai aidé à la ravaudeuse à en faire au-
« tant, et je l'ai fait entrer chez le pre-
« mier marchand de vin. Là, je l'ai
« interrogée en buvant chopine. On
« se trahit toujours quand on parle de
« quelqu'un qui intéresse ; aussi la
« petite ravaudeuse, qui est, ma foi,
« jolie, m'a-t-elle observé que j'avais
« l'air d'en savoir plus qu'elle. Au
« reste, m'a-t-elle dit, il est toujours
« bon de vous prévenir que toute la
« pousse a tenu conseil sous la porte
« cochère, il y a environ deux heures.
« Ces *messieurs* ont nommé quel-

« ques amis de Mylord, et se sont
« séparés en plusieurs bandes, pour
« aller espionner ces différentes mai-
« sons, où ils comptent sans doute
« trouver Miss Juliette, qui s'est éva-
« dée, dit-on, avec un beau jeune
« homme, que vous connaissez peut-
« être aussi bien que moi. Si, com-
« me je le crois, vous savez où ils
« sont, recommandez-leur bien de
« se tenir chachés. Dites à monsieur
« Happy que ce conseil lui vient de
« la petite Fanchon, et il vous croira.

« De là, j'ai passé aux piliers des
« Halles. J'avais dans ma poche vos
« deux louis et trois vieux écus de six
« livres, que je gardais comme la
« prunelle de mes yeux, mais que je
« ne pou vais pas employer dans une
« meilleur occasion. Je vous ai acheté
« de quoi vous changer tous les deux.
« Ce que je vous apporte n'est pas

« beau ; mais il est des cas où il vaut
« mieux avoir l'air d'un Savoyard que
« d'un duc et pair. J'ai ici dessus une
« mansarde dont je peux me passer ;
« nous l'arrangerons du mieux que
« nous pourrons, et nous y logerons
« cette belle demoiselle. Vous, mon-
« sieur, vous coucherez ailleurs, et
« pour cause. Je ferai une histoire à
« mes voisins ; nous détournerons la
« curiosité ; nous nous moquerons
« de la pousse, et nous serons tran-
« quilles ; nous travaillerons tous les
« trois, et nous ne manquerons de
« rien : Dieu et le temps sont deux
« grands maîtres. Passez derrière cette
« armoire, me dit-elle en me met-
« tant un paquet à la main ; allez,
« et déguisez-vous. » Je trouvai dans
le paquet une veste, une culotte et
des guêtres de bure, un gilet d'in-
dienne mouchetée, et deux chemises

de toile écrue. Pendant que je passais ce costume, qui me rappelait mon enfance, la mère Jacquot aidait Juliette à s'habiller ; et quand je sortis de derrière l'armoire, je la trouvai en souliers plats, en jupon de calemande rayée, et en tablier de cotonnade rouge : ses grands cheveux noirs étaient à demi cachés sous un petit bonnet rond bien simple, mais bien blanc. Elle était jolie ; oh ! elle était jolie..... et elle ne devait rien à l'art.

« Maintenant, nous dit la mère
« Jacquot, il faut penser au dîner.
« Je mange fort bien du pain ; mais
« vous êtes accoutumés à un autre
« ordinaire : donnez-moi de l'argent,
« car je suis à sec ; j'irai faire un tour
« au marché, et je vous apporterai
« quelque chose de bon. » Je cherchai dans les habits que je venais de

quitter : le rouleau que Mylord m'avait envoyé s'était crevé dans ma poche; il n'y restait que dix neuf louis, le surplus s'était perdu. Juliette avait laissé sur sa commode sa bourse et ses bijoux : ces dix-neuf louis, et ma montre qui en valait huit ou dix, c'était là toute notre fortune. Je rendis à la mère Jacquot ce qu'elle nous avait avancé; je lui donnai un louis pour les premiers frais du ménage; je pris mon chapeau et un gros bâton. « Ne « vous exposez pas, me dit Juliette. « Songez que je suis séparée de mon « père, et que je n'ai plus que vous « au monde. » Je lui promis d'être circonspect, et je sortis.

Il n'était pas probable que les gens de la police eussent remarqué ma figure; et j'étais travesti de manière à les mettre en défaut, si j'en avais été connu. Je fus droit chez l'ambassadeur

d'Angleterre; je feignis une commission pour M. Abell le père, et je demandai à le voir. On me fit monter; il était seul. Je me nommai, il se leva et vint m'embrasser d'un air sombre, dont je n'augurai rien de bon. « My-
« lord n'est plus, me dit-il; et je jetai
« un cri. Vous avez perdu votre père,
« et moi un ami. Il a été contraint
« de céder au nombre. On l'a saisi,
« garotté, on allait le jeter dans un
« fiacre; la fatigue, l'émotion, suites
« d'un tel événement, la rage de se
« voir traiter ainsi, lui ont causé une
« révolution, qui a été suivie d'une
« attaque d'apoplexie. Il est mort
« vers les trois heures du matin. Ses
« lettres de naturalisation n'étaient
« pas encore expédiées ; toute sa for-
« tune passe au trésor royal : Juliette
« est ruinée sans ressources Mais je
« sais ce que je dois à la mémoire de

« son père ; et mon fils n'oublie pas
« ce qu'il doit à la délicatesse et à
« l'amour. Le maître de votre hôtel,
« qui est venu m'instruire de ces dé-
« tails, m'a assuré que Juliette s'était
« échappée, et il présume que vous
« avez facilité son évasion. Hâtez-
« vous donc de me faire connaître
« le lieu de sa retraite ; je trouverai
« les moyens de la faire passer à
« Londres, et mon fils s'y rendra peu
« de jour après elle. »

Ce procédé me toucha ; mais je ne voulus pas que Juliette fût exposée à des sollicitations tout au moins importunes ; et je l'avoue en rougissant, je craignis que les approches de l'indigence ne la décidassent en faveur de M. Abell. Que je la connaissais mal ! Je répondis à M. Abell que je ne m'étais éloigné de Mylord que lorsqu'il me fut impossible de le dé-

fendre plus long-temps, et que j'ignorais où sa fille s'était retirée. « Vous
« devez beaucoup à son père, reprit
« M. Abell, et vous n'avez pas de
« raisons pour me cacher la vérité :
« je vous crois, et votre ignorance
« m'afflige ; j'espérais que vous me
« rendriez cette infortunée. J'ai envoyé chez madame d'Alleville et
« chez nos autres amis ; personne ne
« l'a vue, personne n'a reçu de ses
« nouvelles, et cela me paraît extraordinaire. Au reste, mon fils la fera
« chercher partout. Joignez vos soins
« à ses démarches et comptez sur toute
« ma reconnaissance, si vous pouvez
« m'instruire de son sort. » M. Abell
finit en me demandant mon adresse.
Je lui répondis que je n'avais pas encore de domicile, et que j'aurais l'honneur de le voir le lendemain. Il m'offrit
de l'argent. Je le refusai, et je lui dis

que j'avais du courage, quelques talens, et que je ne craignais pas le besoin.

Les desseins de M. Abell sur Juliette m'inquiétaient cruellement. Mon intérêt m'ordonnait de me taire; ma délicatesse me prescrivait de parler: depuis quelques jours j'étais sans cesse exposé à ces terribles combats. Je réfléchissais en prenant un long détour et en regardant souvent si je n'étais pas suivi par quelqu'un des gens de M. Abell. Tantôt l'amour parlait en maître; tantôt ma probité s'élevait contre lui, et lui imposait silence. En effet, pouvais-je cacher à Juliette qu'on se disposait à réparer envers elle les torts de la fortune ? Elle n'avait jamais connu l'indigence; aurait-elle la force de la supporter ? Me pardonnerait-elle un jour de l'y avoir exposée ? Devais-je balancer à l'en tirer ? Cette lutte pénible se termina comme les précédentes. Je rentrai chez la mère Jacquot, déterminé à faire encore mon devoir, et pénétré de la fin tragique de Mylord.

Juliette me fixa ; je me taisais : je ne savais comment lui apprendre la fatale nouvelle. Ses yeux semblaient m'interroger ; les miens craignaient de lui répondre. « Vous ne dites rien,
« me dit-elle enfin ? — Hélas ! lui
« répondis-je, je ne parlerai que trop
« tôt. — Mon père est mort ! — Et
« votre fortune est perdue. — Eh,
« que m'importe ma fortune ! ce
« n'est pas elle que vous aimiez....
« Mais mon père !... mon père !... »
et elle fondit en larmes. « Vous me
« l'avez ôté, ô mon Dieu ! s'écria-t-
« elle tout à coup, les yeux et les
« mains élevés vers le ciel. Un seul
« homme m'attache encore à la vie ;

« que je meure à l'instant si vous de-
« vez m'en séparer. » Un cœur ulcé-
ré ne raisonne point, et ne veut pas
de consolasions ; il cherche à nourrir
sa douleur ; il se plaît à s'identifier
avec elle, à l'exhaler sur tout ce qui
l'entoure. Les larmes sont amères, et
le malheureux aime à pleurer. Juliette exigea que j'entrasse dans les
moindres détails de la mort de son
père, et sa peine croissait à chaque
mot. J'espérai la calmer en attirant
son attention sur d'autres objets. Je
lui parlai des vues de messieurs Abell,
je louai leur désintéressement : je crois
même que je la pressai de se rendre
à leurs vœux. « Cessez, me dit-elle,
« cessez de me tourmenter : j'ai pu
« m'immoler à mon père ; il n'est
« plus, et je ne dépends que de moi.
« Je bénis ma misère, elle me rappro-
« che de vous ; il ne me reste que

« mon cœur, il suffira à ma félicité. »
Je n'insistai pas, on le croira aisément:
je venais de me conduire en honnête
homme; c'est tout ce que je pouvais.

Une partie du jour s'écoula dans
les regrets et dans les pleurs. Vers le
soir, la bonne mère Jacquot lui fit
prendre quelque chose. Cette digne
femme exigea qu'elle se couchât dans
son lit. Nous soupâmes auprès d'elle,
et nous la veillâmes toute la nuit. Je
repassais dans ma mémoire les malheurs qui s'étaient succédés avec tant
de rapidité; je les aurais crus des songes, si Juliette n'avait pas été près de
moi. Cette Juliette, quelques heures
auparavant fêtée, adorée et servie;
cette Juliette, dont l'or et les diamans
relevaient l'éclat naturel, que le faste
entourait, à qui une fortune considérable assurait les jouissances qui font
aimer la vie, cette Juliette avait tout

perdu en un instant : elle était reléguée à un sixième étage, logée entre quatre murs, couchée sur un grabat, incertaine du lendemain, et elle ne se plaignait pas! Quel spectacle! quel tourment pour l'homme qui n'avait que son cœur à lui offrir, et des privations à lui faire partager! Je pensais ensuite à son père infortuné ; un mot hasardé lui avait coûté la vie, parce qu'un gouvernement sans énergie suppléait aux ressorts usés des lois par l'espionnage et des bastilles. Une fille innocente était dépouillée, parce que les déprédations des gens en place nécessitaient le brigandage et la rapine. « Quel pays, m'écriai-je, quel
« pays que celui où l'enfant n'hérite
« pas de son père, où il est enveloppé
« dans sa proscription, où on veut
« tyranniser jusqu'à sa conscience!
« Fuyons, fuyons.... mais où se re-

« tirer sans argent et sans moyens
« d'existence ? D'ailleurs, où ne se-
« rions-nous pas victimes de quelques
« abus ? Si j'ouvre l'histoire du monde,
« je vois partout le faible opprimé
« par le fort ; partout les gouvernés
« sont des dupes, et les gouvernans
« des fripons. »

Au point du jour, Juliette parut sortir d'un long accablement. « Mon
« ami, me dit-elle, il n'est qu'un
« remède pour les maladies de l'âme;
« c'est le temps. La raison fait sup-
« porter la douleur; mais le temps la
« dissipe. Je renfermerai la mienne;
« je ferai des efforts pour la surmon-
« ter, et je ne vous affligerai plus du
« spectacle de ma peine. » Elle se leva, et fut s'asseoir auprès de la mère Jacquot : elle lui prit les mains, elle la regarda avec intérêt, et un sourire presque imperceptible vint effleurer

ses lèvres. « Vous avez, lui dit-elle,
« un coin dont vous pouvez vous pas-
« ser ; mon ami y mettra un ameu-
« blement conforme à notre humble
« fortune. Vous avez beaucoup fait
« pour moi, ma bonne mère ; je ne
« souffrirai pas que vous vous gêniez
« plus long-temps : à votre âge on a
« besoin de son lit. »

La mère Jacquot me donna la clef de la mansarde. J'y montai, et je descendis le cœur serré. « Je vous en-
« tends, mon ami, me dit Juliette ;
« cela n'est pas beau ; mais qu'im-
« porte ? Vous y serez avec moi, et
« je n'y verrai que vous. » Jamais elle ne m'avait paru si grande ; jamais elle ne m'avait été si chère.

Je courus le faubourg Saint-Antoine, et j'achetai quelques rouleaux d'un petit papier gris de lin, parsemé de bouquets. Je nettoyais les croisées,

et la mère Jacquot faisait de la colle. Juliette coupait le papier, je l'appliquais sur le mur, et la mère Jacquot appuyait son pied sur les barres de ma chaise. Un lit de sangle, une table et un secrétaire de bois de noyer, six chaises de paille, un petit miroir, formèrent notre mobilier. « Eh bien !
« disait Juliette, qu'en pensez-vous ?
« ne voilà-t-il pas l'exact nécessaire?
« C'est bien, c'est très-bien. Que de
« femmes sont plus mal, et n'ont pas
« leur ami avec elles ! » C'est là que nous passions des journées qui s'écoulaient comme des minutes. Nos voisins, occupés de leur travail, ne s'inquiétaient pas de nous; notre univers était dans la mansarde : nous ne désirions rien au delà. Juliette brodait, je faisais quelques gouaches, la mère Jacquot vendait tout cela, et nous vivions. La bonne femme nous servait

un repas frugal, se mettait en tiers avec nous, et nous égayait quelquefois par ses saillies naïves. Après le souper, Juliette m'embrassait au front, la mère Jacquot prenait la clef de la mansarde, et j'allais me coucher chez un logeur, plein de l'image de Juliette, et consolé par la certitude de la revoir le lendemain.

Six semaines s'étaient écoulées. Mylord n'était pas oublié ; mais les larmes étaient taries. Nous conservions de lui ce tendre souvenir, qui remue l'âme sans la déchirer. La guerre était déclarée entre la France et l'Angleterre. Cette dernière puissance avait rappelé son ambassadeur, et nous présumions, avec toutes sortes de vraisemblances, que MM. Abell avaient repassé la mer avec lui. Je proposai à Juliette de prendre l'air pour sa santé, et d'aller tous les jours, de grand matin, faire quelques tours au Jardin du Roi. La mère Jacquot appuya ma proposition, et Juliette l'accepta.

Un jour que nous nous promenions avec une sécurité parfaite, j'aperçus un homme qui venait droit à nous. Il était enveloppé dans une redingotte, un chapeau rond était enfoncé sur ses yeux. Je ne cherchai pas à démêler ses traits, que je croyais indifférens. Juliette était appuyée sur mon bras, sa main était dans la mienne, et nous nous entretenions avec cette douce chaleur si difficile à décrire, et si bien sentie par ceux qui savent aimer. L'homme au chapeau rond s'arrêta devant nous. Je levai la tête, je reconnus Abell fils, et j'avoue que je fus interdit. « Je suis à Paris pour vous
« seule, mademoiselle, dit-il à Juliette, et je vois avec douleur que

« vous ne méritiez pas mes soins. Je
« ne m'abaisserai pas à me plaindre ;
« mais je vengerai sur votre séducteur
« l'outrage qu'il fait à la mémoire de
« votre père. » Il me marcha sur le
pied, je l'entendis parfaitement ; mais
Juliette était là. Elle nous devina l'un
et l'autre, et répondit avec fierté à
Abell qu'elle ne lui avait rien promis,
et qu'elle trouvait étrange qu'il osât
lui reprocher sa conduite. « Une
« femme comme moi, ajouta-t-elle,
« se donne, et n'est jamais séduite.
« L'homme que vous accusez n'est
« coupable que d'avoir su me plaire.
« Si vous m'avez jamais aimée, prou-
« vez-le moi en renonçant à des pro-
« jets de vengeance qui détruiraient
« mon bonheur sans vous rendre heu-
« reux. » Abell parut étonné un moment. « Non, s'écria-t-il, la fille la
« plus modeste ne s'est point oubliée

« jusque-là ; si vous étiez à cet homme
« vous n'auriez pas l'impudeur de le
« dire. — *Cet homme* est tout pour
« moi, repliqua Juliette. Je suis à lui,
« irrévocablement à lui. J'en fais ma
« félicité et ma gloire. — Vous voulez,
« reprit Abell, que je vous méprise et
« que je vous oublie : je serais trop mal-
« heureux si je pouvais vous croire. —
« Finissons, monsieur, interrompis-
« je brusquement, et je le tirai à l'écart.
« Elle est toujours vertueuse, lui dis-
« je ; elle mérite toujours les homma-
« ges de l'univers ; nous l'adorons l'un
« et l'autre, c'en est assez pour nous
« haïr. Demain à cinq heures du ma-
« tin je serai au bois de Boulogne,
« avec des pistolets. Je vous connais
« assez pour croire que vous ne nous
« suivrez point, et que vous ne pren-
« drez pas de seconds à la police. —
« Je sais que vous êtes brave, me di

« Abell : à demain. » Il se jeta dans une contre-allée, et je rejoignis Juliette. « Quand vous battez-vous ? me
« demanda-t-elle d'un air parfaite-
« ment tranquille. » Je voulus dissimuler. « Il est inutile de feindre,
« continua-t-elle. Abell m'a insultée,
« vous y avez été sensible, vous lui
« avez donné un rendez-vous ; je ne
« vois rien là que de très-naturel. » Je crus qu'elle cherchait à me pénétrer : je me taisais. « Je vous laisserai
« maître absolu de vos actions, me
« dit-elle, je vous en donne ma parole d'honneur ; mais je veux savoir
« la vérité. » Sa parole était sacrée, il ne m'était pas permis d'en douter, et je lui avouai tout. « Ce n'est que
« demain, reprit-elle ? Allez acheter
« des armes, remettez-les-moi ; je
« vous les rendrai quand le moment
« sera venu. » Ce sang froid m'éton-

na; et en effet, il était inexplicable. Je m'éloignais ; elle me rappela. « Souvenez-vous, Happy, que vous « me devez la journée : j'exige que « vous la passiez avec moi. » Ce pouvait être la dernière, je le sentais ; je lui jurai de la donner tout entière à l'amour, et elle me quitta avec ce sourire aimable qui annonce la paix de l'âme. Je croyais qu'il aurait fallu la tromper, user d'adresse pour m'échapper, et elle me donnait des facilités que je n'eusse pas obtenues d'un ami de deux jours. Je ne savais que penser, je me perdais dans mes conjectures, et je résolus de me défier de tout, même de sa parole.

Je rentrai une heure après. Elle s'entretenait à voix basse avec la mère Jacquot, et elles avaient l'air de s'entendre parfaitement. Elle prit mes pistolets, les examina, les mit dans

le secrétaire, et serra la clef dans sa poche. Je commençai à concevoir des soupçons. Ces pistolets me coûtaient à peu près tout notre avoir, et il m'était impossible de m'en procurer d'autres. « Rassurez-vous, me dit
« Juliette, qui avait l'habitude de
« pénétrer jusqu'à ma pensée : je suis
« incapable de manquer à ma parole.
« Je tiendrai celle que je vous ai don-
« née ; mais la journée est à moi ;
« n'en troublons pas les douceurs par
« des inquiétudes prématurées. De-
« main à cinq heures je vous remet-
« trai la clef. » Elle fit un signe à la mère Jacquot, qui prit un panier, et sortit. Juliette vint s'asseoir près de moi. Jamais elle n'avait été si tendre, si caressante ; jamais je n'avais été aussi sensible au plaisir d'être aimé. Mon engagement avec Abell semblait m'attacher de plus près à ma félicité pré-

sente. Nous épuisâmes ce que l'amour le plus vif peut dire de plus tendre. Nous nous redisions ce que nous nous étions dit mille fois, et nous trouvions un charme toujours nouveau à le redire. Toutes les langues sont pauvres pour l'amour; les mots manquent à qui sent beaucoup. Nous nous regardions alors, et nos yeux achevaient la pensée.... Ce silence avait une expression!.... il nous pénétrait d'une ivresse si douce! J'aurais passé ma vie, mes yeux fixés sur les siens.... mais aussi, comme elle me regardait! c'était la volupté, parée encore par l'innocence.

La mère Jacquot rentra, et son panier était amplement fourni. Ce n'était pas l'ordinaire de tous les jours; j'en marquai mon étonnement. « Je « donne une fête ce soir, me dit « Juliette en souriant. — Et à qui « donc, lui demandai-je? — A vous,

« mon ami ; » et elle commença avec la mère Jacquot les apprêts d'un assez joli souper. Je marchai par la chambre, je les regardais faire, je n'y entendais rien.

La mère Jacquot avait son genre de saillies ; elle les prodiguait, Juliette applaudissait, et je riais quelquefois. Cependant Abell me revenait à l'esprit, et des réflexions tristes et sombres répandaient sur mon visage une teinte de mélancolie qui n'échappa point à Juliette : rien ne lui échappait. Elle me prit la main, me regarda tendrement, me baisa sur la joue. L'idée du lendemain s'évanouit, mon cœur se ranima, le sourire reparut sur mes lèvres.

A huit heures, tout était prêt. La mère Jacquot servit, et nous nous mîmes à table. Juliette avait été enjouée, folâtre même ; elle prit tout à

coup un maintien calme, réservé et imposant. Elle paraissait occupée d'un grand dessein ; elle était recueillie ; la mère Jacquot imitait son silence, et j'attendais la fin de tout cela. Juliette se leva enfin, et parla. « Ma position
« ne me permet pas, dit-elle, d'ob-
« server les formalités prescrites par
« les lois ; mais la pureté de mes
« intentions et votre probité me ras-
« surent. Je n'aurai pas à gémir sur
« les suites d'un dessein que je mûris
« depuis quelque temps, et dont les
« circonstances ne me permettent pas
« de différer l'exécution. Des sermens
« qui n'auront pour témoin que le
« ciel et cette digne femme, n'en
« seront ni moins sacrés, ni moins
« inviolables pour vous. Happy, le-
« vez-vous. » Je me levai. « O mon
« Dieu ! continua-t-elle d'un ton reli-
« gieux et pénétrant, voilà l'époux

« que votre providence me désigne ;
« je le reçois de votre main. Je jure
« de l'aimer toute ma vie, et de ne
« m'occuper que de sa félicité. O
« mon Dieu ! entendez mes promes-
« ses, et bénissez-nous. » Avec quel
transport je répétai les mêmes paroles ! Avec quelle vérité je jurai de
ne vivre que pour elle ! Vous l'avez
éprouvé, combien ces sermens sont
doux, vous qui les avez faits à l'objet
de votre tendresse !... La mère Jacquot nous embrassa l'un et l'autre, et
nous laissa entre le mystère et l'amour.

O quel moment que celui où l'on
possède enfin ce qu'on adore ! quelle
plume de feu pourrait esquisser cette
ivresse de l'âme, cette soif de jouir,
qui se rallume par la jouissance ; ce
torrent de délices que l'on peut à
peine supporter, cette tendre lan-
gueur qui suit la satiété des plaisirs !

O nature ! c'est-là que tu manifestes ta puissance, que tu réunis, que tu épuises tes efforts. Momens divins, qui portez l'homme au plus haut degré du bonheur où ses vœux même puissent atteindre, pourquoi êtes-vous si courts, pourquoi ne renaissez-vous jamais ? On retrouve des maîtresses ; retrouve-t-on son cœur ?

Juliette dormait entre mes bras ; son sommeil était doux comme les plaisirs qu'elle avait goutés ; son haleine était fraîche comme la rosée du matin ; son sein, rougi par mes baisers ; mille charmes secrets recevaient tour à tour mes hommages et mes caresses. L'amour osa la réveiller ; elle ne s'en plaignit point.

Je tombai enfin sur les myrtes dont j'avais jonché le lit nuptial, et Juliette fit succéder le langage de la raison aux transports brûlans de l'a-

mour. « Je connais, me dit-elle, la
« violence de votre caractère; mes
« représentations, mes prières même
« eussent été impuissantes hier. Vous
« retenir, c'était précipiter le mo-
« ment du danger, et pour vous
« empêcher de prodiguer votre vie,
« il fallait vous y attacher par des
« nœuds que vous ne puissiez rompre.
« O mon ami, combien une telle nuit
« doit te faire chérir ton existence !
« Sera-ce la seule que je te devrai ?
« Préféreras-tu au bonheur que je te
« réserve encore, le barbare et sté-
« rile honneur d'exposer tes jours
« pour verser le sang d'un homme que
« tu dois plaindre, puisqu'il m'aime
« et que tu es heureux ? Que t'im-
« porte l'opinon qu'il aura de toi ? que
« te fait celle de tous les hommes ?
« Seule, je te suffirai, comme tu me
« suffiras. J'ai regretté ma fortune ; je

« ne pouvais plus la partager avec
« toi : il ne me restait que ma réputa-
« tion, je te l'ai sacrifiée : ne feras-tu
« rien pour moi ? O mon ami, peut-
« être suis-je mère.... et tu ne verrais
« pas ton enfant ! ses petits bras ne
« s'ouvriraient jamais pour recevoir
« et te rendre tes caresses !... Tu n'iras
« pas, mon ami, n'est-il pas vrai, tu
« n'iras pas ! »

Je voyais, je pensais comme Juliette ; mais j'étais engagé, et l'ombre même du mépris m'était insupportable. « Tu m'as promis, lui répondis-je
« en soupirant, de me laisser maître
« de mes actions. — Voilà la clef, me
« dit-elle ; allez massacrer l'ami de
« mon père, ou faire mourir du même
« coup trois personnes à la fois. » Je la regardai, je balançai ; elle me pressa sur son sein, et me combla des plus tendres caresses. « C'en est trop,

« m'écriai-je, on ne renonce pas vo-
« lontairement à tant de biens; » et
j'oubliai dans ses bras le point d'honneur, Abell, le bois de Boulogne,
et tout l'univers. « Je l'emporte donc,
« me dit-elle : combien ta condes-
« cendance me flatte ! qu'elle est d'un
« heureux augure pour l'avenir ! Mais
« je n'en avais pas besoin, mes mesu-
« res étaient prises; tu ne te serais
« pas battu. » Elle frappa, la mère Jacquot ouvrit et introduisit M. Abell.
Jamais surprise ne fut égale à la
mienne. « Monsieur, lui dit Juliette,
« je sens tout ce que vous valez; mais
« on ne commande pas à son cœur.
« Je vous ai trompé au Jardin du Roi;
« je vous ai dit la vérité dans ma
« lettre; vous le voyez. Happy est
« mon époux; il a passé la nuit avec
« moi, et il ne vous reste plus d'es-
« poir. J'en conserve un bien doux;

« j'aime à croire que vous ne le dé-
« truirez pas. Oubliez que ce jeune
« homme vous a provoqué, comme
« j'ai oublié ce que vos propos ont eu
« d'injurieux. A cette condition, je
« vous offre mon amitié, qui peut
« être de quelque prix à vos yeux.
« — Madame, lui répondit Abell,
« je vous étais tendrement attaché,
« et le dépit m'a arraché des expres-
« sions que la reflexion m'a fait
« aussitôt désavouer. Je ne suis pas
« un homme féroce. Votre lettre,
« dictée par le courage et la vertu,
« m'a rendu ma raison en m'inspi-
« rant le respect. Je ne vous ai bien
« connue qu'au moment où je vous
« perds. Oui, Madame, j'accepte
« votre amitié, et j'espère que Mon-
« sieur ne me refusera pas la sienne. »
De quel poids mon cœur fut soula-
gé ! avec quelle satisfaction je répon-

dis à des avances aussi flatteuses ! J'embrassai Abell avec la plus franche cordialité, et il me dit : « Vous avez « la plus respectable des femmes : « qu'elle soit heureuse, et j'oublierai « que j'aurais pu l'être sans vous. »

Il reprocha obligeamment à Juliette de n'avoir pas été assez confiante pour lui écrire plus tôt. Il ne nous eût pas laissé dans une situation qui ne paraissait pas aisée; il nous eût priés d'accepter quelques avances sur les fonds que Mylord avait encore en Angleterre, et qui montaient à peu près à cent mille livres, argent de France. « Ce n'est pas une fortune, « ajouta-t-il; mais cela peut suffire à qui « ne connaît que le besoin d'aimer. »

Il nous rassura sur la liberté de Juliette. « Je ne crois pas, dit-il, qu'on « ait fait des recherches bien sérieu-« ses. Le gouvernement a *hérité* de

« Mylord, et il lui est indifférent que
« Madame soit au couvent ou ailleurs.
« Cependant il sera prudent de vous
« tenir cachés jusqu'à ce que j'aie
« pris des informations positives. Je
« partirai ensuite pour Londres, et je
« me chargerai volontiers de mettre
« ordre à vos affaires. » Il finit en nous
forçant de prendre cent louis pour les
besoins les plus pressans.

Nous passâmes la journée ensemble. Je ne craignais plus Abell, et j'étais pénétré de ses bonnes qualités et de ses procédés délicats. Je lui souhaitai intérieurement un autre amour et des succès plus heureux.

Le lendemain, je louai trois jolies petites pièces à l'Estrapade; j'y mis des meubles simples, mais propres, et nous nous y établîmes le surlendemain. Nous engageâmes la mère Jacquot à ne pas nous quitter : nous lui devions tant! et nous étions si satisfaits de pouvoir nous acquitter envers elle!

CHAPITRE IV.

Je suis auteur, et je tombe.

ABELL ne se démentit point. Respectueux avec Juliette, affectueux avec moi, il nous rendit toutes sortes de services de la manière la plus désintéressée et la plus franche. Il avait appris que la lettre de cachet qui menaçait Juliette n'était pas révoquée, et il en eût facilement obtenu la révocation, si la guerre qui divisait les deux puissances n'eût ôté aux Anglais leur crédit auprès du ministre. Au reste, on ne faisait nulle espèce de perquisition, et moi je pouvais être parfaitement tranquille. Dans le rapport fait à la police, j'avais été compris avec les gens de Mylord, et on ne s'était même pas informé de ce qu'ils étaient devenus. M. Abell avait pris les renseignemens et les papiers nécessaires pour rassembler les débris de la fortune de Juliette : il touchait au moment de son départ pour Londres, et il devait nous faire passer ces fonds sans délai, si Juliette persistait dans le dessein de rester en France. Il lui représentait cependant qu'il était prudent de repasser en Angleterre ; il croyait facile d'obtenir un passe-port sous un nom supposé. Quelques parens de Mylord, des amis sincères, s'empresseraient d'embellir notre existence, et ce n'était qu'à Londres que nous pourrions donner à notre mariage les formes légales qui assurent l'état des enfans, et qui imposent silence aux préjugés.

Juliette refusait constamment de prendre ce parti. Elle comptait peu sur l'affection de parens éloignés; elle redoutait leur improbation, leurs sollicitations, et même leurs démarches humiliantes pour moi, et désagréables autant qu'inutiles pour elle; elle croyait que l'amitié sincère et compatissante est extrêmement rare. Elle savait, au contraire, que les hommes en général, très-indulgens pour leurs travers, sont sans pitié pour ce qu'ils appellent les faiblesses d'autrui. Elle ne prévoyait que des désagrémens dans ces cercles nombreux où l'opinion l'emporte sur la sensibilité, et où on n'a pas toujours la délicatesse de cacher son opinion, même à ceux à qui elle est défavorable. Son mariage était sacré pour elle et pour moi, et sa conscience était tranquille. Si elle devenait mère, il serait temps de sacrifier son repos à sa famille; mais à présent rien ne l'obligeait à passer la mer pour

aller chercher à Londres des chagrins qu'elle ne connaissait pas à Paris. Elle y était ignorée, et personne n'y troublait son bonheur ; elle y menait à la vérité une vie très-retirée ; mais cette retraite même était douce, puisqu'elle la partageait avec moi. «Nous ne nous
« quittons pas, me disait-elle ensuite,
« et les journées nous semblent trop
« courtes, mon ami. Être avec toi,
« toujours avec toi, ne voir, ne désirer,
« n'aimer que toi, voilà la félicité su-
« prême. Restons à Paris ; ne sortons
« pas de notre chambre : l'amour l'ha-
« bite avec nous ; l'amour sait tout
« embellir. »

Abell n'insista plus : il prit congé de nous et partit, après m'avoir indiqué une adresse où j'irais prendre ses lettres.

Me voilà donc à dix-huit ans possesseur paisible d'une femme charmante, et m'occupant uniquement du soin de la rendre heureuse. Juliette, tendre, délicate, caressante, n'existait que pour moi. Elle continuait de broder, je faisais toujours des gouaches, et ces petits travaux étaient pour nous des plaisirs. Nous étions l'un vis-à-vis de l'autre, séparés seulement par une table sous laquelle nos genoux se cherchaient, se rencontraient, se pressaient. Souvent la table était trop grande; Juliette se levait pour voir mon ouvrage de plus près, et elle ne voyait bien que quand sa joue touchait à la mienne. Elle me donnait des *distractions;* mais je ne m'en plaignais pas, j'avais soin de les lui rendre. Je m'avançais sur la pointe du pied, je lui volais un baiser, elle courait après moi pour le reprendre, et son teint alors effaçait la rose qui venait de naître sous ses jolis doigts. A dîner, à souper, je m'asséyais à côté d'elle, ou je la prenais sur mes genoux. Nous mangions dans la même assiette, nous buvions dans le même verre, et tout en devenait meilleur. Le dimanche, elle passait son déshabillé blanc, je prenais mon frac de drap gris, et nous nous permettions une promenade hors des barrières. On se pressait autour de nous. Les hommes la regardaient avec un intérêt !.... Les femmes me jetaient un coup d'œil à travers les bâtons de l'éventail, et cela me rendait fier, et cela la faisait sourire. Bientôt on répétait de tous côtés : Oh, le joli couple ! Nous allions nous cacher plus loin, et plus loin on répétait encore : Oh, le joli couple ! Cela nous embarrassait quelquefois, et ne nous déplaisait jamais. Le soir, chacun de nous redisait ce qu'il avait entendu d'obligeant pour l'autre. Juliette ajoutait : « Ce n'est

« que pour toi que je veux être jolie. »
Je répondais : « Ce n'est qu'à toi que je
« veux paraître aimable » ; et tout cela
nous donnait envie de nous coucher.
Ces petits jeux eurent enfin des suites
qui ne sont pas difficiles à prévoir : sa
taille s'arrondit insensiblement; je l'en
aimai davantage, et je lui trouvai une
grâce de plus.

J'avais choisi jusqu'alors pour sujet
de mes gouaches les événemens les plus
intéressans de notre vie, et le plaisir que
je prenais à les tracer me rendait insensible à la modicité du prix que j'en tirais. Abell avait éprouvé des difficultés, il n'avait pas encore fait passer de
fonds : les nôtres commençaient à
baisser, et il fallait sérieusement penser à l'avenir. Le bien-être de ma Juliette, une layette à faire, mille autres
petits frais par lesquels on achète la
douceur d'être père, étaient des objets

de la plus haute importance. Je sentais la nécessité de doubler au moins notre gain, j'en cherchais les moyens, et je n'en trouvais pas de bien satisfaisant. Juliette s'en occupait avec moi, et n'était pas plus heureuse; d'ailleurs nous commencions par discuter, et nous finissions par arriver au chapitre des *distractions*.

Un jour la mère Jacquot nous donnait du meilleur de son cœur des conseils inexécutables. En pérorant, elle roulait dans ses doigts une feuille du *Mercure de France*, qui lui avait servi à envelopper du poivre; j'avais pris le papier et je le roulais aussi en écoutant les contes bleus de la mère Jacquot. En le roulant et en le déroulant j'y jetai machinalement les yeux, et je lus l'extrait d'une pièce nouvelle qu'on venait de jouer aux Français; c'était *l'Inconstant*. L'auteur donnait

en débutant les plus heureuses espérances, et ne les a point démenties. Je me sentis inspiré tout à coup ; je me levai, et je déclarai que j'étais homme de lettres. Juliette me demanda en souriant à quel genre je me destinais : « Ma foi je n'en sais rien, lui répon-
« dis je ; mais je réussirai, car tu m'ins-
« pireras. » La mère Jacquot observa que les comédiens sont excommuniés, et que les auteurs doivent l'être doublement : « Car enfin, ajoutait-elle
« avec beaucoup de sagacité, s'il n'y
« avait pas d'auteurs, il n'y aurait pas
« de comédiens. » Je résolus d'aller mon train en dépit de l'excommunication, et je dis à Juliette, avec toute l'emphase d'un poëte : « Mon génie
« t'invoque et t'attend ; sois Melpo-
« mène ou Thalie ; prononce, et je
« produis. — La tragédie, la comé-
« die, reprenait Juliette, c'est bien

« beau ; mais c'est bien long, et cela
« doit être bien difficile. Le Temple
« de Gnide est si joli ! tout le monde
« l'a lu, tout le monde le relit encore. »
Nous avions le Temple de Gnide ; je
le pris, je le relus, et j'en réalisai certains tableaux qui valent bien des tableaux de tragédie. « Finis donc, me
« dit Juliette, on ne peut pas te parler
« raison. — Ne me regarde donc
« pas, si tu veux que je sois raison-
« nable » : et je l'embrassai, et le livre
lui tomba des mains, et puis... et puis...
La mère Jacquot rentra, et me demanda si je venais de faire une tragédie
ou une comédie. Juliette rougissait,
moi je riais, et la mère Jacquot hochait la tête. « Tiens, dis-je à Juliette,
« je ne veux plus te consulter ; je ne
« veux plus que tu me donnes d'avis :
« à force de nous entendre, nous ne
« savons ce que nous faisons que quand

« nous avons fini, et c'est le moyen
« de ne rien finir. J'ai connu il y a
« quelques années un imprimeur - li-
« braire, qui demeure rue Galande.
« C'est un homme qui ne se borne pas,
« comme ses confrères, à trafiquer de
« l'esprit d'autrui ; il a de l'érudition,
« il est considéré dans la littérature ;
« je vais causer avec lui : il ne me don-
« nera pas de *distractions*, je ne lui
« en donnerai pas ; il m'écoutera, il
« me répondra, et il décidera. Je
« serai, selon qu'il le jugera à propos,
« poëte comique, tragique, épique,
« didactique, allégorique, bucolique,
« érotique, lyrique, et à quoi que je
« m'applique, je vais être l'homme
« unique. — Vas, me dit Juliette,
« et souviens - toi que je t'attends. —
« Tu ne m'attendras pas long-temps,
« lui répondis-je en sortant, je ne suis
« bien qu'auprès de toi. »

M. Cailleau parut fort aise de me revoir, et me reçut avec son affabilité ordinaire. Il aime à parler; c'est un défaut dans beaucoup de gens; mais il parle bien, et on aime à l'entendre. Après m'avoir promené gaîment d'objets en objets, M. Cailleau me demanda enfin ce qui m'amenait chez lui. Je lui répondis que j'étais décidé à caresser les Muses, dussent-elles répondre à mes caresses par des égratignures, et que je venais le prier de m'indiquer celle des neuf Sœurs à laquelle je me vouerais exclusivement. « Voilà les « jeunes gens, reprit-il; ils prennent « le goût pour le talent d'écrire, et « l'amour-propre ne leur permet pas « de consulter leurs forces. — Mon- « sieur, répliquai-je, les plus grands « hommes ont commencé, et jamais « ils n'eussent fait un vers s'ils eussent « été atteints de la crainte puérile que

« vous voulez m'inspirer. Je sens que
« la nature m'a fait poëte, et je rem-
« plirai le vœu de la nature. — Si
« vraiment, poursuivit M. Cailleau,
« vous éprouvez cette impulsion de
« la nature à laquelle on ne résiste
« pas, vous écrirez, et vous écrirez
« bien. Cependant, si vous êtes rai-
« sonnable, et que vous puissiez faire
« autre chose, vous vous garderez bien
« d'écrire : cette manie ne fait que des
« malheureux, et les Muses sont pau-
« vres partout. Le Camoëns est mort
« à l'hôpital; Cervantes est mort de
« misère; Shakeaspeare écrivait une
« tragédie d'une main, et attendait de
« l'autre, à l'affût, un chevreuil pour sa
« provision de la semaine; Fielding a
« enrichi des libraires, et a vécu dans
« l'indigence; La Harpe et l'abbé De-
« lille ne possèdent que leur réputa-
« tion. Je doute que vous ayez les

« talens de ces gens-là, et il est incer-
« tain que la fortune vous traite mieux
« qu'eux. Passons aux jouissances de
« l'amour-propre, et voyons ce que
« vous pouvez raisonnablement es-
« pérer. Racine a vu tomber presque
« toutes ses pièces, et il est mort de
« chagrin; J.-B. Rousseau a été banni.
« Destouches a été obligé de gâter son
« *Glorieux* pour complaire à *mon-*
« *sieur* Dufresne. Le manuscrit de *la*
« *Métromanie* a été livré six mois à
« la poussière et à l'oubli sur le ciel
« du lit de ce même acteur, et *mes-*
« *sieurs* les successeurs de *monsieur*
« Dufresne, qui n'ont pas tous hérité
« de son talent, mais qui tiennent
« beaucoup aux traditions, se piquent
« ainsi que lui de morceler les pièces
« et d'humilier les auteurs. Le grand,
« l'inimitable Voltaire a fait à la vé-
« rité sa fortune à force de travail et

« de génie ; mais il fut balotté par des
« princes qui se croyaient au-dessus
« de lui, et qui le croyaient prouver
« en le faisant embastiller ; il fut chassé
« par le roi de Prusse pour avoir trouvé
« aimable la princesse Amélie, qu'un
« regard de Voltaire n'avilissait pas.
« Il frissonnait en ouvrant toutes les
« feuilles périodiques qui parlaient de
« ses ouvrages, depuis celles de Fréron
« jusqu'aux rapsodies du petit Clé-
« ment, qui me rappelle la fable du
« Serpent qui ronge la Lime. Le bon,
« l'honnête, l'aimable Collin-d'Har-
« leville, le seul auteur comique dont
« le théâtre puisse aujourd'hui s'ho-
« norer, voit sans se plaindre vieillir
« ses ouvrages dans les portefeuilles
« des comédiens, qui ont l'impudeur
« de négliger l'homme qui les a nour-
« ris, les Français par paresse, les
« autres pour ne pas payer de part

« d'auteur. Je vous citerais mille autres
« exemples, si j'avais la manie des ci-
« tations; mais en voilà plus qu'il n'en
« faut pour vous dégoûter de la mé-
« tromanie. Je me résume. Si vous
« avez un talent marquant, l'envie
« agitera ses serpens, et vous les en-
« tendrez sans cesse siffler à vos oreilles.
« Si vous n'êtes que médiocre, ce sera
« encore pis : tous les folliculaires
« s'élèveront contre vous. Incapables
« de rien faire de bien, ils vous con-
« testeront jusqu'au bien que vous
« aurez fait; et comme les follicu-
« laires sont en possession de se faire
« écouter des sots, ils les soulèveront
« contre vous; et comme les sots sont
« les plus forts, personne ne prendra
« votre défense. Si vous êtes au-des-
« sous du médiocre, on ne parlera
« pas de vous ; mais aussi on ne vous
« lira point. N'écrivez pas, mon cher

« ami, n'écrivez pas, à moins que vous
« n'ayez que cette ressource pour vous
« empêcher de mourir de faim. —
« Eh ! m'écriai-je, c'est là précisé-
« ment l'origine de ma vocation. —
« Alors vous écrirez vite, et vous n'é-
« crirez que des sottises. Vos plans se-
« ront mal conçus; votre style sera
« lâche, diffus, incorrect ; et vous se-
« rez bientôt réduit à faire des devises
» pour les marchands de bonbons de
« la rue des Lombards, ou à écrire
« dans un coin de rue *placets*, *mé-*
« *moires* et *lettres* pour les cuisinières
« du quartier. Je finis par un mot qui
« me concerne : vos ouvrages, bons
« ou mauvais, resteront dans la bou-
« tique du libraire, qui aura payé
« vos manuscrits trop cher, en vous
« donnant le quart de leur valeur,
« parce que mes confrères les *contre-*
« *facteurs*, qui prétendent gagner

« *honnétement* leur vie en contrefai-
« sant le tiers et le quart, et qui au
« fond ne sont que des voleurs dignes
« du fouet et des galères; parce que,
« dis-je, mes confrères les *contrefac-*
« *teurs* vous contreferont en papier
« gris, en caractères usés, vendront
« six sous de moins, et feront bien
« leurs affaires, pendant que votre li-
« braire et vous, vous ferez fort mal
« les vôtres. N'écrivez pas, mon cher
« ami, n'écrivez pas. — Vous en
« parlez fort à votre aise, lui répon-
« dis-je. Si j'étais imprimeur, je vi-
« vrais des sottises d'autrui, et mal-
« heureusement je suis forcé d'en faire.
« Finissons. Vous avez oublié qu'il
« n'était pas question de savoir si
« j'écrirais ou si je n'écrirais pas; mon
« parti est pris : quel genre adopterai-
« je? C'est là-dessus seulement que
« je veux vous consulter. — Ma ré-

« ponse sera courte, dit M. Cailleau.
« Avez-vous du génie ? faites la co-
« médie de caractère. N'avez-vous que
« de la verve ? faites de ces tragédies
« sans conséquence, comme on nous
« en donne tous les jours. N'avez-vous
« que de l'esprit ? faites de ces petites
« comédies à la mode, où des détails
« frais et piquans tiennent lieu d'in-
« térêt et d'action. N'avez-vous que de
« l'imagination ? faites un roman. Ne
« savez-vous que limer un vers ? faites
« un poëme didactique. N'avez vous
« que des réminiscences ? faites un
« opéra-bouffon. N'avez-vous rien du
« tout, faites un journal. — Je serais
« assez d'avis de m'en tenir au journal,
« répliquai-je ; ce serait peut-être le
« parti le plus sage ; mais mon destin
« l'emporte, et je ferai la comédie
« de caractère. Vous ne m'avez rien
« caché des désagrémens de la pro-

« fession : dites-moi du moins ce
« qu'elle peut avoir d'encourageant.
« — Ma foi, pas grand'chose, répon-
« dit-il. L'estime d'une trentaine de
« personnes en état de prononcer;
« plus, quelques coups de mains de
« gens qui auront acheté trente sols
« le droit de vous juger, et qui, à la
« fin de la pièce, demanderont l'au-
« teur, comme on demande le tam-
« bour de basque chez Nicolet. Cet
« honneur nouveau fut la juste ré-
« compense des mille et un succès
« de Voltaire. Il séduisait, entraînait,
« déchirait, et le public, transporté,
« voulut lui offrir son hommage : le
« parterre savait juger alors. Le par-
« terre d'aujourd'hui, qui ressemble à
« celui-là comme vous ressemblez à
« Voltaire, veut à toute force voir
« l'auteur. Il veut le voir, s'il l'a fait
« rire; il veut le voir s'il l'a fait pleu-

« rer; il veut le voir s'il l'a sifflé
« sans l'avoir entendu; si par hasard
« il l'a sifflé avec connaissance de
« cause, il a encore la bassesse de le
« demander pour insulter à sa disgrâ-
« ce. Vandales que vous êtes, voyez
« combien vous méprise l'homme de
« lettres qui se respecte un peu! Il
« dédaigne, du sommet de l'Hélicon,
« les croassemens qui s'élèvent des
« bas-fonds du parterre; il rejette un
« honneur tellement prodigué, qu'il
« n'est plus qu'un opprobre. Il court
« se renfermer entre sa gloire et ses
« amis.

— Ce que vous me dites-là n'est
« pas très-encourageant, répondis-je
« à M. Cailleau. Sont-ce-là les seuls
« avantages que je puisse me promet-
« tre ? — Peut-être, me dit-il, quel-
« qu'un de nos petits grands seigneurs
« s'avisera-t-il de vouloir jouer le

« Mécène. Il parlera de vous à quel-
« que fille entretenue, qui vous re-
« cevra avec dignité, et qui, au
« moyen d'une nuit ou deux, dont
« vous ne saurez que faire, vous re-
« commandera à quelque galopin des
« bureaux du ministre, lequel, pour
« se débarrasser tout-à-fait de ladite
« fille, vous fera nommer censeur
« royal, ou académicien. » Je demandai à M. Cailleau des détails positifs sur la considération et les honoraires attachés au titre d'académicien.
« Les honoraires sont réduits à zéro,
« me répondit-il, et la considération
« ne s'étend pas beaucoup plus loin.
« Autrefois on briguait le fauteuil;
« maintenant on le jette à la tête de
« ceux qui refusent de s'y asseoir.
« Les gens de qualité même n'en
« veulent plus; témoin cette lettre
« du maréchal de Saxe, que je ne

« rapporte pas pour donner un ridi-
« cule au vainqueur de Fontenoi; il
« est beau de cacher son ignorance
« sous ses lauriers; mais enfin le
« maréchal de Saxe, pressé d'entrer
« à l'académie, écrivait au duc de
« Noailles : *Jé répondu que je ne cavé*
« *pas seulement l'ortografe, et que*
« *se la miré comme une bage à un*
« *chat, pour coi nan aites vous pas ?*
« *Je crains les ridigules, et se lui*
« *si man paret un,* etc. Si cela con-
« tinue, messieurs de l'académie jus-
« tifieront le mot de Piron : *Ils au-*
« *ront de l'esprit comme quatre.* —
« En voilà assez, dis-je à M. Cailleau.
« Qu'est-ce que c'est précisément
« qu'un censeur royal ? — Ce serait,
« me répondit-il, quelque chose de
« moins encore, si on n'avait pas atta-
« ché à cet emploi des appointemens
« passables, et si le tour du bâton ne

« valait pas le principal. Demandez
« à un certain monsieur que je ne
« nommerai pas, parce que tout le
« monde le connaît, demandez-lui
« ce qu'il a reçu du théâtre du Palais-
« Royal, et de ceux du Boulevard pour
« ne pas rayer telle scène, dont les
« Français demandaient la radiation,
« parce qu'elle avait le sens com-
« mun? Demandez-lui quelles sont
« les qualités exigibles et exigées pour
« parvenir à cette place lucrative?
« Aucunes, vous répondra-t-il, s'il
« est de bonne foi. Un de ses con-
« frères mit au bas d'une traduction
« de l'*Alcoran*, qu'il n'y avait rien
« trouvé de contraire aux mœurs, à
« la religion, ni au gouvernement de
« France, et on ne lui a pas ôté son
« emploi. Il vous apprendra, s'il est
« de bonne foi, comment (avec dis-
« pense de talent, ce qui ne laisse pas

« d'être agréable) on devient tout
« ensemble censeur royal et acadé-
« micien, pour peu qu'on sache l'an-
« glais, et qu'on ait une femme jolie
« et complaisante. Il vous apprendra,
« s'il est de bonne foi, l'art d'écrire
« de basses platitudes aux gens en
« place. Il vous apprendra.... — Oh!
« laissons cela, interrompis-je ; je ne
« suis pas plus jaloux de la censure
« que du fauteuil. Dites-moi mainte-
« nant ce que peut rapporter une co-
« médie en cinq actes qui réussit pas-
« sablement. — Plus ou moins, me
« répondit-il, selon que vous serez
« bien ou mal avec monsieur le se-
« mainier, qui vous mettra dans l'a-
« bondance ou à la diette, selon son
« bon plaisir, et autant qu'il ne sera
« pas arrêté dans ses louables inten-
« tions par des migraines de com-
« mande, ou par des petits soupers,

« ou par des suites de soupers, ou
« qu'il ne voudra pas vous faire tom-
« ber dans les règles pour arrondir le
« patrimoine de sa *compagnie*, ou
« pour faire jouer monsieur un tel,
« l'homme du foyer par excellence.
« — Vous ne voyez pas les choses en
« beau, répliquai-je ; mais le sort en
« est jeté : je n'en démorderai pas ;
« je ferai la comédie de caractère, au
« risque de tout ce qu'il pourra m'en
« arriver. » Je pris congé de M. Cailleau, et je retournai chez moi en cherchant un sujet et un titre. Je trouvai Juliette assise en grande cérémonie vis-à-vis de monsieur le curé de Saint-Étienne-du-Mont, qui était venu visiter des pauvres qui habitaient le haut de la maison, et qui profitait avec empressement de cette occasion pour faire connaissance avec ses nouveaux paroissiens.

Il était temps que je rentrasse. Juliette était tellement embarrassée, que je m'en aperçus d'abord, et je jugeai que monsieur le curé lui avait fait quelques questions indiscrètes, auxquelles elle n'avait su que répondre. Je me hâtai de parler de choses indifférentes et générales, et j'affectai envers l'homme d'église cette politesse froide qui veut dire précisément : J'ai trop d'usage pour vous mettre à la porte ; mais faites-moi le plaisir de ne plus revenir. Je crois que le curé m'entendit parfaitement. Il se leva, et sortit après quelques complimens, dont je l'aurais très-volontiers dispensé. Je demandai à Juliette s'il n'était entré dans aucun détail sur notre situation. Il avait débuté par des choses honnêtes, mais fortement senties pour un prêtre ; puis il s'était informé du lieu de notre naissance.

Juliette avait répondu que nous étions de Calais. « Et c'est là, Madame, que « vous vous êtes mariés ? — Oui, mon- « sieur le curé. — A quelle paroisse ? « — Je l'ai oublié, monsieur le curé. « — C'est étonnant. — Et en quoi, « monsieur le curé ? — C'est qu'il n'y « a qu'une paroisse à Calais. » J'étais sur les épines, et il a repris : « C'est « une jolie ville que Calais ? — Char- « mante, monsieur le curé. — Le « sexe y est beau, sensible, sage sur- « tout. Les hommes y sont bien faits. « — Mon mari est le plus bel homme « que je connaisse. — Et vous l'aimez « tendrement ? — Je l'adore, mon- « sieur le curé. — Il n'y a pas de mal « à cela. — Je le sais bien, monsieur « le curé. — Son sort sera envié par « tous ceux qui vous verront. — Ils « n'y gagneront rien, monsieur le « curé. » Et je fus m'asseoir où tu

m'as vue, parce que la chaise de monsieur le curé commençait à être trop près de la mienne. « Et par quel hasard, « repris-je, a-t-il su que nous demeu-« rions ici ? — C'est moi, répondit la « la mère Jacquot, qui l'ai prié d'en-« trer. C'est un homme selon Dieu, « que notre curé, et ses visites ne « peuvent qu'attirer les bénédictions « du ciel sur un ménage. — Vous « avez eu tort, dis-je à la mère Jac-« quot; vous savez que nous ne vou-« lons voir personne. — Mais notre « curé.... — Moins encore que tout « autre. Ces gens-là se mêlent de tout, « sont toujours importuns, quelque-« fois dangereux, et on ne s'en défait « pas comme on le voudrait bien. —
« Se défaire de notre curé ! » répliqua la mère Jacquot entre ses dents. Je lui déclarai, d'un ton ferme, qu'elle me ferait beaucoup de peine

si elle m'en parlait davantage; je la priai, s'il se présentait une seconde fois, de répondre que nous étions sortis, et surtout de ne lui rien dire de nos affaires. Elle le promit, et je rendis compte à Juliette de ma conversation avec M. Cailleau. « Il a rai- « son, me dit-elle. N'écris pas, mon « ami, n'écris pas. J'essaierai, lui ré- « pondis-je, tu verras mes scènes, et « je les jeterai au feu si tu n'en es pas « contente. » Je commençai. Ce genre de travail déplut bientôt à Juliette. Elle ne pouvait plus me parler, j'étais toujours préoccupé, toujours écrivant des vers, ou en cherchant de nouveaux; mécontent quand je n'en trouvais pas, plus mécontent encore quand je n'en trouvais que de mauvais; plus d'appétit, plus de gaîté; je n'étais amoureux que la nuit, et Juliette trouvait les journées longues.

« Les Muses sont des rivales dange-
« reuses, me dit-elle enfin. J'espère
« que tu tomberas ; il n'y a qu'une
« chute qui puisse te rendre à ta
« femme. » Je lui représentai la nécessité de me livrer à un travail lucra-
tif; je la consolais, je la carressais;
mais un maudit hémistiche me pous-
sait dans mon cabinet, que j'avais fait
dans un coin de notre chambre avec
une vieille tapisserie, derrière laquelle
je me retranchais, pour éviter les
distractions. Juliette n'y entrait que
lorsque je me reposais. Elle en sortait
en boudant, quand elle avait lu quelque chose qui annonçait le succès ;
elle en sortait en riant, quand elle
avait lu quelque chose qui annonçait
la chute. Je riais quand elle faisait la
mine, je faisais la mine quand elle riait :
nous ne nons entendions plus. Je finis
enfin ma comédie, et je la lui lus tout

entière. Je voulus, à l'exemple de Molière, que la mère Jacquot entendît ma lecture. Elle s'endormit, et cela m'affecta peu ; la comédie de caractère ne pouvait pas intéresser la mère Jacquot. Juliette fut très-attentive, elle sourit souvent ; elle applaudit à des scènes d'amours, et je m'y attendais : j'avais peint ce sentiment comme il était dans mon cœur. Elle me félicita sincèrement, et ce fut la plus précieuse récompense de mon travail.

J'avais la tête fatiguée, et je dis à ma tendre Juliette que je faisais divorce avec les Muses jusqu'à.... « Jusqu'au « succès de ton premier essai, me ré- « pondit-elle ; il est bon de savoir à « quoi s'en tenir. — Je ne doute pas « du succès. — Ni moi non plus ; mais « enfin il faut voir. — Tu verras, pe- « tite incrédule. » Et j'écrivis pour demander lecture à monsieur le semainier du théâtre auquel je destinais ma pièce. En attendant sa réponse, nous nous remîmes à la broderie et aux gouaches. Je retrouvai avec un plaisir nouveau ma table, les genoux de Juliette et surtout les *distractions*. Il ramenèrent l'appétit, la gaîté et l'amour. Je n'étais plus un grand homme ; mais je redevenais heureux, et Juliette ne manquait pas d'observer que l'ivresse du bonheur vaut bien les fumées du Parnasse.

Au bout de quinze jours je m'ennuyai de n'avoir pas de nouvelles de monsieur le semainier, et je crus que le parti le plus court était d'aller moi-même chercher sa réponse. J'arrivai au théâtre, et le concierge me fit monter au foyer. J'y trouvai quelques-unes de ces dames qu'entouraient une vingtaine de jeunes gens fort aimables, à ce qu'ils s'imaginaient. Ces messieurs leur disaient les plus jolies niaiseries du monde, parlaient de leur beauté avec autant d'assurance que s'ils eussent pu en juger à travers le blanc et le rouge qui leur couvraient le visage; préconisaient leur talent comme s'ils y avaient cru; et ces dames, qui se piquent d'avoir beaucoup d'esprit, étaient complètement leurs dupes. Je les priai très-honnêtement de m'indiquer monsieur le semainier. On était trop occupé pour trouver le moment de me répondre; aussi ne me répondit-on pas, et je passai plus loin. Une demoiselle, qui n'avait ni blanc ni rouge, et qui aurait paru extrêmement jolie à quelqu'un qui n'aurait pas connu Juliette, était assise sur une banquette. D'autres jeunes gens étaient groupés autour d'elle, ne parlaient pas, et avaient peut-être raison, écoutaient la demoiselle et faisaient bien, car elle parlait avec facilité et avec grâce. Elle ne disait que des riens; mais ces riens, en passant par sa bouche, avaient l'air de quelque chose. J'osai l'interrompre et lui demander où je trouverais monsieur le semainier. Elle me répondit fort obligeamment que le spectacle allait commencer, que le semainier était très-occupé en ce moment; mais qu'il ne tarderait pas à se rendre au foyer. J'entendis en effet le coup de sifflet qui fait monter le rideau: toute cette jeunesse disparut à l'instant, je restai seul avec la jolie demoiselle, et elle continua la conversation avec autant d'aisance que si nous nous fussions connus depuis six mois. Elle me demanda ce qui m'amenait au théâtre; je le lui dis. Elle me pria de ne pas m'offenser du silence du semainier.

« Nous ne sommes pas, continua-t-
« elle, dans l'usage de répondre aux
« auteurs que nous ne connaissons
« pas. Tant de gens se mêlent à pré-
« sent d'écrire, que si on leur répon-
« dait il faudrait un secrétaire uni-
« quement pour la correspondance.
« Quand on est fait comme vous, on
« n'écrit pas au semainier, on se mon-
« tre, cela lève toutes les difficultés.
« Venez demain dîner avec moi,
« nous parlerons de votre affaire. »
Je la remerciai, j'acceptai, et je pris
son adresse. Un monsieur tout court,
tout rond, tout chamarré d'or, entra
de la manière la plus bruyante, s'a-
vança les bras ouverts vers ma jolie
demoiselle, lui dit cent platitudes
plus lourdes les unes que les autres,
riait tout seul de ses balourdises, et
finit par lui demander à demi-voix si
on pouvait lui proposer un souper et

cent louis. « Venez demain chez moi
« avec cette figure-là, répondit-elle
« en me montrant, et je vous en
« donnerai deux cents. — Ce jeune
« homme vous intéresse, poursuivit
« le gros Monsieur, on lui fera avoir
« de l'emploi. A propos, on dit votre
« nouvelle loge charmante; faites-
« moi donc voir cela; » et il la prit
par la main, et elle le suivit, et me
laissa-là. Je sortis étonné de ce que
j'avais vu et entendu. C'étaient des
usages, des mœurs, un jargon, des
gestes qu'on ne trouve que dans un
foyer.

M. le curé, qui probablement avait
trouvé Juliette de son goût, était encore en tête-à-tête avec elle; sa physionomie était très-animée : cela me
déplut. Je ne le saluai pas, je ne
répondis pas à ce qu'il me dit, il s'en
alla, et fit bien; j'allais le mettre dehors

par les épaules. Je grondai la mère Jacquot ; elle protesta que cette fois-ci le curé s'était introduit lui-même ; Juliette me dit la même chose, en ajoutant que ces visites commençaient à lui déplaire autant qu'à moi. J'en conclus que le curé s'était écarté des fonctions de son ministère, et je me promis bien d'éclater, s'il reparaissait encore.

Le lendemain je me disposai à me rendre chez ma jolie demoiselle. Je prenais mon manuscrit, et Juliette me disait adieu avec une tristesse qui ne lui était pas ordinaire. « Qu'as
« tu, ma bonne amie ? — Rien,
« Happy. — Pourquoi me trom-
« per ? — Je pense, puisque tu veux
« que je te le dise, que ces dames-là
« sont quelquefois plus dangereuses
« que les Muses pour une femme
« sensible. —Tu te rends bien peu de

« justice ! Quand on a aimé Juliette,
« on ne peut plus aimer personne. »
Je l'embrassai, et je partis.

Je fus reçu comme quelqu'un qu'on attendait avec impatience. On me dit qu'on avait arrangé ma lecture pour le surlendemain. Là-dessus je tirai mon manuscrit. « Il est inutile que
« je vous entende, me dit-on. Un joli
« homme ne peut faire que de jolies
« choses. D'ailleurs je serai à la lec-
« ture générale. Asséyons-nous, et
« parlons de vous. » Je m'apperçus bientôt que tout son esprit était en mémoire et en mines, et je la trouvai moins jolie.. Elle voulut jouer l'ingénuité et le sentiment, et je ne vis plus que des grimaces, une gorge qui cherchait à se produire, un œil qui voulait être tendre, et qui n'était que libertin. L'illusion se dissipa à l'instant. Ma jolie demoiselle ne fut plus qu'une

femme très-ordinaire. Elle avait cessé de m'intéresser, et je parlai peu ; je l'intéressais beaucoup, et elle ne tarissait pas. Elle avait les mains très-remuantes ; elle en était à mon jabot, et ne paraissait pas disposée à s'arrêter en si beau chemin ; on me tira d'embarras, en annonçant qu'on avait servi. Nous passâmes dans la salle à manger, et pour me désennuyer je goûtai de tous les plats. « Je suis au
« désespoir de vous traiter aussi mal;
« mais ma cuisinière est en couche ;
« ma femme-de-chambre, qui me
« coiffe, ne peut pas se salir les mains ;
« mon cocher, qui cuisine assez bien,
« n'aime pas à se mêler de cela, et
« mon jokey n'y entend rien. J'ai
« fait venir de chez le restaurateur,
« et on le voit aisément : tout est
« mauvais, et nous sommes servis en
« terre d'Angleterre. Je ne mange

« avec plaisir que dans de la vaisselle
« plate. » Dix ans après elle allait de
théâtre en théâtre quêter des représentations à son bénéfice. Il faut cela pour
consoler un peu les femmes honnêtes
du luxe impertinent de ces demoiselles, et des petits sacrifices qu'elles
font à la vertu.

Après le dîner, elle me fit passer
dans son boudoir, qui était d'une élégance, d'une fraîcheur !... Cela lui
coûtait si peu ! Elle renouvela l'attaque avec une chaleur qui m'effraya.
Je pensai à ma comédie, je ne voulus
pas la brusquer; mais je ne savais
plus comment me défendre. Je me
défendais cependant, et elle s'en
aperçut à la fin. Elle me repoussa
tout à coup, et s'éloigna elle-même,
en s'écriant : « Il faut avouer qu'il y
« a des hommes qui ont bien peu
« d'éducation, des hommes bien stu-

« pides, bien maussades, bien..... »
L'apostrophe me piqua ; et je lui
dis en prenant mon chapeau : « J'ai
« une femme infiniment plus jolie
« que vous, infiniment plus sensible
« que vous, infiniment plus honnête
« que vous, et je ne veux pas de
« vous. »

Je me repentis, quand je fus dans
la rue, de m'être exprimé aussi crument. On pouvait se venger de mes
rigueurs sur ma comédie. Mais ce qui
était dit était dit ; il n'y avait plus de
remède.

Je racontai cette scène à Juliette.
Elle commença par en rire, et après
un moment de réflexion, elle m'embrassa avec une tendresse inexprimable. Oh ! je lui rendis ses caresses !..
C'est auprès d'elle que je retrouvai
mon cœur.

Je fus au théâtre à l'heure indiquée

pour ma lecture. Une partie de mes juges était assemblée. On voulut bien répondre à ma profonde révérence par une légère inclination de tête ; on continua à parler de choses indifférentes, et on ne me fit pas *l'honneur* de m'adresser la parole. J'attendis une grande demi-heure, et je demandai, d'une voix timide, si on n'aurait pas la bonté de m'entendre. Un de ces *messieurs* me répondit, en se tournant à moitié, qu'on attendait quelqu'un, et je me tus. Après une autre demi-heure parut un autre *monsieur*, qui venait de déjeûner au bois de Boulogne. Il demanda pardon à ses camarades de les avoir fait attendre, me regarda d'un air de protection, et *messieurs* ses camarades et lui s'assirent autour d'un tapis vert. *Monsieur* le semainier m'invita de la main à m'approcher. Je cherchai des yeux la demoiselle de la veille. Elle avait fait dire qu'elle ne viendrait pas à la lecture. Je sentis que j'avais perdu ses bonnes grâces, je m'en moquai, et je lus. On m'écouta avec un imperturbable sang froid, et quand j'eus fini, on me pria de passer dans la pièce voisine, où *monsieur* le garçon de théâtre en chef eut *l'honnêteté* de causer familièrement avec moi pendant qu'on prononçait sur mon sort. Je rentrai enfin, et *monsieur* le semainier me lut les bulletins avec la gravité et l'importance d'un premier président qui prononce un arrêt. Il m'annonça pour résultat que j'étais reçu à *corrections*. *Monsieur* l'amoureux, qui n'aimait que les rôles légers, voulait que je retranchasse du sien tout ce qui était raisonnement. *Mademoiselle* l'amoureuse n'était bien que dans les détails, et son rôle était tout sentiment. *Monsieur* le comique ne se souciait pas des valets honnêtes gens, et le mien était d'une probité fatigante, etc., etc. Chacun demandait des changemens différens, et pour contenter tout le monde, il aurait fallu refaire ma pièce. Je défendis mon ouvrage, je motivai ma défense, et *monsieur* le semainier m'observa que les jugemens du *comité* étaient sans appel. Il m'avertit même qu'en me soumettant aux *corrections prescrites*, je ne pouvais pas espérer d'être joué avant deux ou trois ans. Je me fâchai alors, bien que je ne fusse qu'un auteur; je remis mon manuscrit dans ma poche, et je quittai le *comité* comme il m'avait reçut, d'un air qui frisait l'impertinence. Je ne faisais au moins qu'user de représailles. *Pauvres talens, comme on vous humilie!* Et *messieurs* les comédiens se plaignent quand on les siffle; et *mesdemoiselles* les comédiennes se plaignent quand *messieurs* les journalistes ne les flagornent pas! Oh les drôles de gens, que ces gens-là!

J'allai conter ma mésaventure à M. Caîlleau. « Je vous l'avais prédit, « me répondit-il; vous ne m'avez pas « cru, vous en portez la peine. Voyons « cependant s'il n'y a pas quelques « moyens de vous produire dans le « monde littéraire; » et il me conduisit chez Monvel.

Monvel venait d'entrer au théâtre du Palais-Royal, et le public, qui n'était pas encore très-bête, savait apprécier Monvel. Il nous reçut parfaitement, et cela ne m'étonna point. Homme de lettres distingué, il n'avait besoin d'humilier personne pour se faire valoir. Il parcourut mon manuscrit, et me dit: « Il y a peut-être quelques

« petites choses à retoucher; mais
« vous avez du génie, et en travail-
« lant vous irez loin. Repassez demain,
« et j'espère vous annoncer quelque
« chose de satisfaisant. » Je ne manquai pas au rendez-vous. Monvel m'apprit que ma pièce était reçue, qu'on copiait les rôles, qu'on allait me mettre en répétition; et il me présenta, au nom des entrepreneurs, un mandat de cinquante louis sur le caissier du théâtre. C'était bien peu si je réussissais; c'était beaucoup si je ne réussissais pas. Je signai l'abandon absolu de mon ouvrage, et je pris le mandat. Je priai Monvel de régler ma distribution, de diriger les répétitions. Il me le promit de la meilleure grâce du monde, et fit plus encore qu'il ne m'avait promis.

Déjà ma pièce était sur l'affiche ; déjà je palpitais d'aise en lisant l'affiche;

je courais de rue en rue pour le seul plaisir de lire l'affiche ; si quelqu'un s'arrêtait à côté de moi, il me semblait qu'il voyait sur mon front que j'étais l'auteur de la pièce nouvelle, et je courais à un autre coin de rue lire encore une autre affiche.

La veille du grand jour j'extravaguai tout-à-fait. Juliette, toujours maîtresse d'elle-même, n'éprouvait que de l'inquiétude. Cette nuit-là nous ne dormîmes point. Nous répétions les morceaux qui devaient exciter l'enthousiasme, nous glissions sur ceux dont nous étions moins sûrs, et nous nous flattions qu'ils passeraient à la faveur du talent des acteurs. Le jour parut enfin. Nous nous levâmes, parlant comédie ; nous déjeûnâmes, parlant comédie ; et toute la journée nous ne rêvâmes que comédie. Dès deux heures nous nous habillâmes aussi bien que le permettaient nos moyens : il nous semblait hâter le temps en courant au-devant de lui. Nous arrivâmes au théâtre du Palais-Royal : les portes n'étaient pas encore ouvertes, et nous entrâmes dans un café voisin. Les amateurs, les cabaleurs y étaient réunis. Les uns approuvaient l'émulation des acteurs de ce théâtre ; les autres les blâmaient d'oser jouer des pièces en cinq actes (c'était la première). J'entendais tout cela, et j'étais sur les épines. Juliette prit mon bras, et me fit faire quelques tours de Palais-Royal. Deux fois je la ramenai à la porte du théâtre ; deux fois nous la trouvâmes fermée ; cette malheureuse porte ne s'ouvrait pas ; les horloges ne marchaient pas ; mon sang bouillonnait. On ouvrit enfin, et nous nous cachâmes aux quatrièmes loges. Tous ceux qui se plaçaient autour de nous ne parlaient que de la pièce nouvelle. « Une pièce en cinq « actes ici, disait l'un ! — C'est trop « plaisant, répondait l'autre. — Cela « sera détestable, ajoutait un troi- « sième. » Je sentais des mouvemens de colère ; je me levais pour imposer silence à ces messieurs. Juliette me regardait, me souriait, et je me calmais.

Je comptais les minutes. On alluma le lustre ; une heure après on monta la rampe ; une demi-heure après les musiciens nous déchirèrent les oreilles en s'accordant ; enfin on leva le rideau. Le cœur me battit.... Il repoussait jusqu'à la main de Juliette. La pièce commença. Au plus léger murmure ma tête se perdait ; le plus faible applaudissement me ramenait à l'espérance. Quelle situation ! Et on peut faire des vers, et on peut se faire jouer! Le premier acte finit. On se moucha beaucoup au commencement du second Une scène bien tendre, bien délicate, bien filée, fut unanimement applaudie. La figure de Juliette s'épanouit, et mon cœur se dilata. La scène suivante était faible ; quelques mots de mauvais goût furent suivis de *ah ! ah !* Juliette pâlit, et je tremblai. Le second acte passa encore. Au millieu du troisième, quelques coups de sifflet honteux partirent de différens côtés du parterre. L'orage se formait, il grossissait, tout annonçait, une explosion terrible. Un habitué du théâtre eut la maladresse de crier *à bas la cabale.* Aussitôt on siffla de tous les coins de la salle, on siffla jusque dans mes oreilles. J'étais furieux; je tempêtais, je jurais, je voulais tomber sur les siffleurs. « Phèdre a tombé, me dit

« Juliette, et tu ne sais pas prendre
« ton parti. » Je trouvai quelque consolation à partager les disgrâces d'un grand homme, et j'appelai à la postérité du jugement de mes contemporains. Cependant les sifflets allaient leur train, les acteurs ne s'entendaient plus. Monvel voulut bien dire au public que l'ouvrage était d'un jeune homme qui n'avait besoin que d'être encouragé : on applaudit Monvel, et on continua de siffler le jeune homme. Michot, qui ne gâte pas le public, lui fit la grimace; et le public, idolâtre de Michot, applaudit sa grimace, et se remit à siffler impitoyablement. Les *paix-là*, les *à bas le rideau*, achevèrent de m'étourdir. Le rideau tomba enfin, et ce fut le coup de la mort. Je ne vis, je n'entendis plus rien que ma bonne, ma sensible Juliette, qui m'entraînait en me disant : « Si

« tu avais réussi, je ne t'aimerais pas
« davantage. Tu es tombé, et tu sais
« bien que je ne t'aimerai pas moins.
« Viens, mon ami, viens. Le vrai
« bonheur est chez toi; c'est là que
« tu vas le trouver. » L'air me saisit,
et je me trouvai mal. Elle me fit porter chez la personne à qui Abell adressait nos lettres, et qui demeurait à l'entrée de la rue de Richelieu. On nous remit un paquet qui était arrivé depuis trois jours. Il renfermait des lettres de change pour cinquante mille livres, et l'assurance d'une pareille somme dans le courant du mois. « Tu n'auras plus besoin d'é-
« crire, me dit Juliette en pleurant
« de joie. — Tu ne craindras plus la
« misère, lui répondis-je en la serrant
« dans mes bras. » Nous fîmes venir un fiacre, et nous retournâmes chez nous. Je jetai au feu mes brouillons,

ce qui me restait de papier, et jusqu'à mes plumes; j'arrachai la vieille tapisserie, et je la jetai par la fenêtre. Je soupai assez gaîment pour un auteur tombé. Juliette m'avait fait oublier mon rendez-vous au bois de Boulogne; elle me fit oublier ma chûte; j'oubliais tout auprès d'elle, hors Juliette et mon cœur.

CHAPITRE V.

Je l'ai perdue.

Parfaitement guéri de la manie d'écrire, bien decidé à me livrer à des occupations moins périlleuses, et peut-être plus utiles, je réglais avec Juliette l'emploi des fonds que j'allais toucher, et de ceux que nous attendions. Nous devions acheter une maison et une cinquantaine d'arpens, à dix ou douze lieues de Paris. Nous ne craindrions là ni la police, ni le couvent, ni le parterre, ni les journalistes A la fin de l'année nous nous confierions au curé du lieu, s'il était vieux, et sur-tout raisonnable. Nous nous soumettrions à ce qu'il nous prescrirait pour assurer la fortune de

Juliette à l'enfant chéri qu'elle allait me donner, et à ceux qui très-probablement suivraient celui-ci. La maison devait être petite, mais d'une extrême propreté. Une cuisine, une salle à manger, et un salon d'été par bas, trois ou quatre chambres en haut; voilà tout ce que nous voulions, voilà tout ce qu'il nous fallait. Des papiers agréables et frais; des meubles simples, mais d'une forme élégante, la gaîté, la paix et le bonheur devaient en décorer jusqu'au moindre réduit. Dans la partie la plus reculée du haut, serait une chambre où personne au monde n'entrerait que Juliette et moi. Des jalousies et des doubles rideaux; un enfoncement fermé par une draperie qui cacherait un lit de repos; au plafond, des amours à qui la Constance couperait les ailes; entre les deux croisées, des gradins chargés des fleurs les plus odoriférantes de chaque saison; sur un guéridon, *l'Art d'Aimer* de Bernard, *les Saisons* de Saint-Lambert, la *Nouvelle Héloïse*, les *Lettres sur la Mythologie*, tel devait être l'ameublement du temple du mystère. C'est moi qui arrangeais tout cela, et Juliette m'écoutait avec un intérêt!.... Elle me souriait avec une complaisance!.... Non, jamais on n'aima comme Juliette; jamais on ne fut aimée comme elle.

Le jardin devait réunir l'utile à l'agréable, sans arrangement symétrique. Des allées sinueuses, bordées indifféremment de lilas, de pommiers, de chèvrefeuilles, d'acacias roses, de pruniers, de pampres, de peupliers, devaient conduire d'un plant de légumes à un parterre. Du parterre, on arriverait à une salle verte, formée par les branches entrelacées de quelques tilleuls, sous lesquels on trouverait des bancs de gazon. Plus loin, des légumes, un boulingrin fermé par une haie de rosiers. Au bout du boulingrin, la balançoire et le jeux de boules; puis une prairie, où l'œil s'arrêterait sur un ruisseau qui tourne, retourne, et s'éloigne à regret du gazon que Juliette a foulé. C'est là qu'une vache et une chèvre paissent tranquillement le lait qui se convertit en fromage sous les doigts délicats de mon amie. C'est là que la mère Jacquot portera notre enfant, qu'il se roulera, que ses petits membres s'étendront; c'est là que nous sourirons au premier pas de l'enfance. D'aimables voisins partageront nos loisirs; d'honnêtes gens dans la médiocrité partageront notre aisance; l'infortuné respirera chez nous l'oubli de ses malheurs.

Quand nous eûmes fini notre petit roman, je sortis pour aller présenter mes lettres de change à l'acceptation. J'étais tellement occupé de nos futures possessions, que j'avais oublié nos effets dans le secrétaire, et je ne m'en aperçus que lorsque je fus arrivé à la porte du banquier. Je retournai, et le curé, qui vraisemblablement épiait mes momens d'absence, était déjà chez nous. « Monsieur le curé, « lui dis-je d'un ton très-ferme, nous « n'avons besoin ni d'aumônes, ni de « consolations, ni de conseils. Vos « fréquentes visites sont au moins « indiscrètes. J'espère que celle-ci « sera la dernière, et que vous ne me « forcerez pas à vous parler un lan- « gage qui répugnerait à ma délica- « tesse, autant que vous souffririez à « l'entendre. » Il sortit sans me ré- pondre un mot, et il me lança un

regard furieux. « Je ne doute pas,
« dis-je à Juliette, que cet homme
« ne soit venu souvent ici pendant
« que je suivais mes répétitions. —
« Trop souvent, me répondit-elle. Je
« connais votre vivacité, je sais com-
« bien ces gens-là sont à craindre, et
« je me suis tue. — Et de quoi vous
« parlait-il ? — De moi. — Il vous
« aime ! — Je le crains. — Le scélé-
« rat ! il paiera cher son audace. —
« Modérez-vous. — Que je me mo-
« dère ! — Il le faut. — Je ne le
« puis. — Nous avons des ménage-
« mens à garder. — Avec le vice !
« — Avec l'homme vicieux. — Il n'est
« que méprisable. — Le clergé est
« puissant. — Je retourne chez notre
« banquier. Je paierai l'escompte
« qu'il voudra, pour toucher sur-le-
« champ le montant de tes effets. Nous
« sortirons de Paris, demain, ce soir,

« à l'instant même. Nous nous enter-
« rerons dans un désert, et nous évi-
« terons les hommes. Ils te voient
« tous avec mes yeux. Ta beauté les
« séduit, ta douceur les attire, ta
« vertu les irrite. Fuis, fuis avec moi,
« ou je ne réponds pas des excès où
« je pourrais me porter. — Ordonne,
« me répondit-elle, avec ce ton pé-
« nétrant qui ne la quittait jamais.
« Juliette est toute à toi : elle se
« plaira par tout où tu seras avec
« elle. »

L'honnête banquier, à qui je laissai entrevoir des besoins, m'escompta ma somme à un demi pour cent. Je fis porter notre argent chez le correspondant dont Abell m'avait garanti la probité. Ce fut une inspiration.

Je revenais. J'étais au haut de la rue de la Harpe, lorsque j'aperçus le curé et la mère Jacquot qui causaient avec beaucoup d'action. Ils étaient à demi-cachés par les voitures de louage qui couvrent en partie la place Saint-Michel. Je me glissai moi-même entre ces voitures, pour entendre une conversation à laquelle était peut-être attaché le sort de ma vie entière. Je ne pus approcher sans être découvert. Un cocher voulait me conduire au Bourg-la-Reine, un autre à Villejuif ; le curé tourna la tête, me reconnut, et s'éloigna. J'interrogeai la mère Jacquot. Elle était allée au marché, et le curé l'avait suivie. Il lui avait fait cent questions différentes. A la vérité elle n'avait pas osé précisément mentir ; mais elle croyait aussi n'avoir pas répondu un mot qui pût nous compromettre. D'ailleurs je devais être tranquille ; le curé était un excellent homme, qui ne voulait que notre bien, car il l'avait dit. Je conclus de cet exposé, que le curé savait tout, et que je n'avais pas de temps à perdre. Je courus aux diligences. Je lus : *Bureau pour les villes de Lyon, etc.*, et j'arrêtai deux places à la voiture qui partait pour Lyon le surlendemain. Je résolus de laisser la mère Jacquot à Paris, pour n'être plus exposé aux effets de son indiscrétion, et je retournai près de Juliette, bien décidé à ne pas la quitter d'un moment.

Dans le courant de l'après-midi je reçus une lettre dont l'écriture m'était inconnue, et qui me parut même contrefaite. Elle était signée d'un autre banquier qui demeurait, disait-il, à la Chaussée-d'Antin. Il était en correspondance avec M. Abell. Il avait su par lui que la fille de mylord Tillmouth était mariée à Paris; il s'était empressé de demander son adresse à Londres, pour lui remettre deux cent mille livres que Mylord n'avait pas touchées encore lors de sa catastrophe, et qui par conséquent n'avaient pu être saisies par le Gouvernement. On ajoutait que, de peur de se compromettre, on ne remettrait cette somme qu'à Juliette ou à moi en personne; qu'il suffirait, pour nous faire connaître, de présenter une des lettres de M. Abell, et qu'on nous attendait l'un ou l'autre le lendemain à dix heures du matin. Nous trouvâmes extraordinaire, et même invraisemblable, qu'Abell eût commencé par faire mention de nous dans des lettres d'affaires ; qu'il eût ensuite donné notre adresse aussi légèrement. Il nous parut étonnant que sa dernière lettre ne dit rien d'un objet aussi intéressant. Nous pensâmes que si cette somme était effectivement demeurée entre les mains du banquier, la lettre de change avait dû être trouvée dans les papiers de Mylord à la levée des scellés. Nous ne concevions pas que ce banquier ne parlât point de cet effet, qui pouvait seul lui servir de décharge. D'ailleurs il ne paraissait pas probable qu'un homme qui agissait contre les intérêts du Gouvernement, entrât dans ces détails dans une première lettre, qui pouvait à la rigueur tomber dans des mains étrangères. Il eût été plus naturel et plus simple de se borner à m'inviter de me rendre chez lui, pour y prendre communication d'un objet important. Nous soupçonnâmes qu'on nous tendait un piége, et nous résolûmes de ne sortir de chez nous que pour monter dans la diligence.

Dans le courant de la journée nous fîmes de nouvelles réflexions. Il n'était pas impossible que l'homme chargé d'aller recevoir les fonds de Mylord, fût, au moment de sa mort, porteur de cette lettre de change, et que, ne sachant à qui la remettre à Paris, ni à qui la renvoyer à Londres, il l'eût déposée chez le banquier lui-même, que des correspondances étendues mettaient à portée de prendre les informations nécessaires. Il n'était pas impossible que ce banquier, en m'écrivant, eût oublié de parler de cette lettre de change. La somme était trop considérable pour être sacrifiée à un premier mouvement de défiance qui pouvait n'être pas fondé. Enfin, nous arrêtâmes que nous prendrions au moins quelques éclaircissemens préliminaires. J'envoyai acheter un Almanach royal, et j'y trouvai en effet le nom et l'adresse portés sur la lettre que j'avais reçue. Cela me rassura un peu. Cependant comme on pouvait avoir pris dans ce même almanach cette adresse et ce nom, j'écrivis sur-le-champ au banquier, pour m'assurer que la lettre fût de lui, et lui annoncer qu'alors je me rendrais le lendemain à son invitation. Juliette m'observa que le banquier avait des craintes, et que, ne connaissant pas mon écriture, peut-être il ne répondrait pas. Elle ajouta que, pour le convaincre, il serait bien de mettre une des lettres d'Abell dans la mienne. Je suivis ce conseil, j'envoyai chercher un commissionnaire, et je lui recommandai de ne remettre mon paquet qu'au banquier lui-même. Je ne voulus pas me servir de la mère Jacquot. Je connaissais son bon cœur; mais on pouvait la suivre encore, la faire parler et j'avais tout à craindre de sa simplicité et des desseins de son curé.

Une heure et demie après, le commissionnaire revint, et me rapporta mon paquet. Le banquier était sorti, et on lui avait dit que le cabinet fermait tous les jours à quatre heures. Le lendemain à huit heures du matin je reçus une seconde lettre dans laquelle on m'engageait à ne pas manquer l'heure indiquée, parce qu'on avait reçu la veille la nouvelle d'une faillite considérable à Bordeaux, qu'on montait en chaise à midi, et qu'on ne reviendrait à Paris qu'après l'arrangement de cette affaire, qui pouvait traîner en longueur. Pendant que je lisais, une bonne femme, qui demeurait dans notre ancienne maison de la rue Saint-Victor, vint prier la mère Jacquot à déjeûner avec elle. Je la pressai moi-même d'accepter; j'étais sûr qu'elle y passerait la matinée, et que le curé ne profiterait pas de mon absence pour tirer d'elle de nouveaux éclaircissemens, dans le cas où il lui serait resté quelque chose à apprendre. Je priai Juliette de fermer la porte à double tour, et de n'ouvrir à personne avant mon retour.

Je courus à la Chaussée-d'Antin. Je me présentai chez le banquier. Je lui fis part de l'objet qui m'amenait chez lui; je me nommai, je lui mis sous les yeux toutes les lettres d'Abell : il m'écoutait d'un air étonné. Il me répondit que jamais il n'avait eu de fonds à Mylord, qu'il ne connaissait pas M. Abell, et qu'il ne m'avait point écrit.

Je sortis précipitamment, je me jetai dans un fiacre; je donnai six francs au cocher, et je le conjurai d'aller à toutes jambes. En moins d'un quart d'heure je fus rendu chez moi. Tout était parfaitement tranquille dans le quartier. Je demandai à un boulanger qui demeurait au rez-de-chaussée, s'il n'y avait rien de nouveau. « Pas la moindre chose, me « dit-il, et je montai. » J'entendis Juliette : je m'arrêtai, je prêtai l'oreille. « Il est affreux, disait-elle, « qu'un homme de votre ministère « abuse de son crédit pour persécuter « des malheureux qui ne l'ont point « offensé. — Finissons, reprit le « lâche curé. Je ne suis pas venu ici « pour discuter. Je vous ai déclaré « mes vues, prêtez-vous-y. Je suis « maître de votre secret, et je vous « punirais d'oser me résister. » Ma fureur n'eut plus de bornes; je cherchai la clef, elle était en dedans. D'un violent coup de pied j'enfonçai la porte, je saisis une bûche, je tombai sur le traître, et je le conduisis à grands coups jusqu'au bas de l'escalier. Je remontai, je mis la tête à la fenê-

tre, et je vis ce malheureux marchant difficilement, mais d'un air parfaitement calme. Son regard composé se portait par tout. Il avait ces manières affectueuses et douces, que ces gens-là affectent avec tant de vérité, et qui ont fait tant de victimes. « Sortons d'ici à l'instant, dis-je à
« Juliette, sortons; peut-être dans
« une heure il ne sera plus temps....
« C'est moi qui t'ai perdue. Sans mon
« coupable amour tu te serais rendue
« aux vœux de ton père; il ne serait
« pas entré dans ce fatal café. Il vi-
« vrait riche, considéré, heureux;
« tu partagerais sa félicité; tu ferais
« celle de l'homme estimable dont
« j'ai peut-être empoisonné la vie.
« Tu ne serais pas en butte aux persé-
« cutions d'un infâme; tu ne serais pas
« réduite à chercher un asile que tu ne
« trouveras peut-être pas. Je suis un

« malheureux...., j'ai manqué à ton
« père; le ciel est juste, il me punit. —
« Et toi aussi tu me tourmentes ! Que
« deviendrai-je, si tu te joins à nos
« persécuteurs ? » Et cent baisers,
mille baisers me fermèrent la bouche,
et me rafraîchirent le sang. Je l'avais
affligée; je demandai pardon; mes
larmes coulèrent; elle ne pensait
qu'à les essuyer. « Sortons, répétai-je,
« sortons. — Sortons, répondit Ju-
« liette. » Je pris un papier. Nous
signâmes une donation de nos effets
à notre gouvernante, en reconnaissance des services qu'elle nous avait
rendus; nous prîmes un peu de linge,
et nous descendîmes. Je remis la clef
de la porte au boulanger; je le priai
de la rendre à la mère Jacquot, et de
ui dire qu'elle trouverait sur la table
un papier qui la concernait.

Nous marchâmes par des rues détournées jusqu'au bord de l'eau. Nous la passâmes vis-à-vis le Jardin du Roi, nous traversâmes l'Arsenal, nous prîmes le boulevard, et nous allâmes sans nous arrêter jusqu'à la porte Saint-Martin. Juliette était fatiguée. Nous entrâmes dans un café; nous nous mîmes à une table écartée, et nous parlâmes à voix basse du péril nouveau auquel nous étions exposés. Je lui reprochai doucement d'avoir ouvert sa porte. Elle avait balancé; mais le curé avait, disait-il, un avis important à lui donner. Il venait lui prouver que son affection était pure et vraie, et elle l'avait reçu. L'innocence a tant de peine à soupçonner le crime! Juliette voulait que nous allassions passer dix ou douze heures qui devaient s'écouler encore avant notre départ pour Lyon, chez le correspondant d'Abell. Je lui observai qu'il ne savait absolument rien de nos affaires, que nous ne pourrions pas nous dispenser de lui tout avouer, et nous venions d'éprouver le danger des confidences. « Ne nous en fions « qu'à nous de notre sûreté, ajoutai-« je ; cherchons une chambre gar-« nie ; arrêtons-la, et restons-y jus-« qu'au moment où nous monte-« rons en voiture. Notre correspon-« dant nous fera tenir nos fonds à « Lyon, à l'adresse que nous lui indi-« querons. Si nous jugeons nécessaire « de quitter enfin la France, nous « nous retirerons en Hollande ou en « Suisse, et nous y exécuterons le « projet d'établissement que nous « avions formé pour les environs de « Paris. — Oui, me disait Juliette, « nous passerons en Suisse. Nous ache-« terons un petit bien près du lac de « Genève, vers Lausanne ou Vevay ;

« nous verrons les rochers de Meille-
« rie. Cela doit être doux à voir. »

Nous sortîmes du café. A l'entrée du faubourg Saint-Honoré, je vis un écriteau. Nous demandâmes le propriétaire de la maison. Je lui dis que nous arrivions de Calais par la voiture publique, que nous allions nous fixer à Versailles; mais que nous voulions avoir un pied-à-terre à Paris, où nos affaires et la curiosité nous ameneraient quelquefois. Il nous fit voir ses chambres. Nous eûmes l'air de les examiner; nous en trouvâmes une charmante, et nous payâmes la quinzaine. Notre hôte nous demanda notre nom, pour l'inscrire sur son livre; je lui donnai le premier qui me passa par la tête. Il me demanda où nous avions laissé notre sac de nuit; je répondis qu'il était chez un ami qui nous donnait à souper ce même soir; que je le rapporterais avec moi ; et que le lendemain j'irais retirer mes malles. Il nous crut, nous salua, et sortit.

Mon premier soin, quand nous fûmes seuls, fut de déchirer les lettres d'Abell. Elles désignaient le lieu où j'avais déposé notre petite fortune. Si par un malheur, que cependant je ne prévoyais pas, nous étions arrêtés, on ne manquerait pas de nous dépouiller de cette dernière ressource : il était bon de penser à tout.

J'envoyai chercher quelque chose chez le traiteur. Nous dînâmes très-tranquillement. Dans six heures nous devions quitter Paris; nous étions dans une sécurité parfaite.

Sept heures sonnèrent. « Bientôt,
« dis-je à Juliette, la nuit sera close,
« et nous sortirons. C'est une voiture
« désagréable qu'une diligence. On y
« entend souvent ce qu'on ne vou-

« drait pas écouter; on ne peut pas s'y
« dire ce qu'on aurait tant de plaisir
« à entendre. Ajoutons à cela le désa-
« grément de quatre jours de route,
« sans un moment de tête-à-tête....
« Oh! c'est bien long! c'est bien
« dur!... Ce temple du mystère, que
« je dois arranger un jour, n'est-il
« pas par tout où nous sommes? Est-
« il un coin de l'univers où le dieu
« que nous servons ne sourie à notre
« hommage? Est-il un coin de l'uni-
« vers où on ne puisse trouver le
« bonheur? » Nous le trouvâmes dans
cette chambre où nous ne faisions
que passer. Hélas! c'était la dernière
fois; nous étions loin de le prévoir.

Nous arrivâmes aux diligences. Déjà
les voyageurs qui devaient partir avec
nous étaient rassemblés; déjà chacun
présentait le reçu de sa place; déjà les
chevaux étaient dans la cour : on

allait les mettre à la voiture. Un jeune commis passa près de moi, et me donna un coup de coude en me jetant un coup d'œil expressif. Je le suivis dans le magasin. « N'est-ce pas
« vous, me dit-il, qui vous nommez
« Happy ? — C'est moi-même. — Sau-
« vez-vous ; vous allez être arrêté.
« Un inspecteur de police, accom-
« pagné d'un prêtre, est venu cet
« après-midi demander communica-
« tion des feuilles d'enregistrement :
« il s'est arrêté à votre nom avec un
« rire malin qui ne m'est point échap-
« pé. » Je rentrai dans le bureau ; je tirai Juliette par sa robe. « Vite, lui
« dis-je à l'oreille, vite, éloignons-
« nous. » A l'instant le curé, suivi d'une vingtaine de misérables aussi vils que lui, entra et s'écria en montrant Juliette : « La voilà celle qui
« veut se soutraire aux ordres respec-

« tables du Gouvernement. Le voilà
« celui qui l'a plongée dans le liber-
« tinage, et qui maltraite les ecclé-
« siastiques qui veulent la remettre
« dans la bonne voie. » Je le pris à la
gorge ; je l'étouffais. On se jeta sur
moi, et on me saisit. J'étais extrêmement vigoureux, je renversai deux
ou trois de ces drôles, et je gagnai la
cour. On mettait Juliette dans un
fiacre. Je précipitai le cocher de dessus son siége, et je sautai à la portière.
Je tenais la main de Juliette, ses cris
multipliaient mes forces; et malgré la
supériorité du nombre, je croyais la
sauver une seconde fois; on me prit
par les cheveux, et on me renversa
sur le pavé. Deux hommes serraient
chacun de mes membres, et pouvaient à peine me contenir. Le fiacre
qui recélait tout ce qui me faisait
aimer la vie, tout ce qui m'y avait

jusqu'alors attaché, ce fiacre s'éloigna. Je tombai dans un accès de fureur qui m'ôta enfin la connaissance, et je me trouvai, en revenant à moi, à la merci de mes oppresseurs. J'étais dans un corps-de-garde, observé de très-près, parce qu'on avait ouvert la croisée pour me donner de l'air.

Je fis aussitôt une réflexion qui me décida à paraître résigné. « Juliette « n'a plus d'espoir qu'en moi, me « dis-je à moi-même : on ne peut « l'avoir conduite qu'aux Dames-An- « glaises, et je la délivrerai; mais il « faut me posséder, et ne pas pro- « longer ma détention par des violen- « ces inutiles. » J'affectai une modération bien éloignée de mon caractère. Je parlai à mes gardes avec une douceur qui ne diminua rien de leur vigilance, mais qui les détermina à quelques égards. Je cherchai dans ma poche une tabatière que je n'avais jamais eue; je me plaignis de l'avoir perdue, et je priai un soldat de m'aller chercher du tabac et un autre boîte.

L'inspecteur n'avait pas d'ordres contre moi. Il ne voulait pas me remettre en liberté; il craignait de se compromettre en m'envoyant en prison, et il était allé prendre des instructions dans les bureux de la police, lorsque le soldat revint avec une tabatière et du tabac. J'étais en face de la croisée, assis entre deux hommes du guet qui observaient jusqu'à mes moindres mouvemens. Je prenais quelques prises en déroulant le cornet. Tout en causant, j'avais l'air de vider le tabac dans la tabatière, et je le versais dans mes mains. Tout à coup je me levai, et j'aveuglai à la fois mes deux gardes. Ils crièrent, trépignèrent; on accourut du fond du corps-de-garde; j'étais déjà sauté par la fenêtre. Le factionnaire voulut m'arrêter; je lui arrachai son fusil, je le jetai à terre d'un coup de crosse; je jetai le fusil après lui, et en deux sauts, je fus à la place Victoire. Je courus toute la rue Neuve - des - Petits-Champs; je m'arrêtai près la barrière des Sergens, et je suivis la rue Saint-Honoré au petit pas. J'arrivai à la chambre garnie que j'avais arrêtée, et je m'y renfermai. C'est là que je pensai à mon malheur; c'est là que je le sentis dans toute son étendue. Je regardai autour de moi... j'étais seul. Ce lit, où quelques heures auparavant... J'étendais les bras, l'œil fixe, la poitrine gonflée; j'appelais Juliette; elle ne répondait plus au cri de ma douleur. Je la voyais au millieu d'une troupe de femmes prévenues par la calomnie, qui allaient haïr, condamner, persécuter la vertu. J'entendais

crier les verroux, les gonds rouillés des portes; je les entendais se fermer sur Juliette; j'entendais ses sanglots; je la voyais invoquer le ciel, la nature, son amant. Des murs glacés, des cœurs de bronze repoussaient ses accens : les portes ne devaient plus s'ouvrir. C'est là qu'on allait la punir d'avoir aimé; c'est là qu'elle cesserait d'être mère avant d'avoir embrassé son enfant; c'est là qu'un prêtre sacrilége mentirait à la probité, à lui-même, à son Dieu; qu'il emploierait la ruse, la séduction, peut-être la violence...
« O mon Dieu ! comme on te blas-
« phême, comme on t'avilit ! Et tu
« peux le permettre ! Ah ! tu n'existes
« pas, ou tu n'es que le Dieu du cri-
« me. » Je ne pus rester plus long-temps en proie aux idées qui me torturaient. Je ressortis, armé d'un bâton, et je marchai droit au couvent

des Anglaises. Je voulais sauter les murailles du jardin, chercher, appeler, trouver Juliette, la saisir, l'entraîner, l'arracher à sa prison. Je dévouais à la vengeance et à la mort quiconque s'opposerait à moi. Je marchais à grands pas; j'approchais du couvent; mes dents se serraient, mes bras se roidissaient; mes veines, tendues comme des cordes, étaient prêtes à se rompre; j'étais furieux de haine, d'amour, de désespoir. Le mur avait à-peu-près douze pieds de haut : je le franchis à l'aide de mon bâton, et je sautai dans le clos. Un chien terrible s'élança sur moi : j'enfonçai mon bras dans son corps, et je lui arrachai les entrailles. Je parcourus le jardin; je fis le tour de la maison; je ne vis, je n'entendis rien. Je m'assis sur un banc de pierre pour reprendre mes sens, et penser à ce que j'allais faire. Je n'étais pas certain que Juliette fût dans ce couvent. Si elle y était, j'ignorais l'endroit où on l'avait renfermée. Si je pénétrais jusqu'à elle, pourrait-elle me suivre, et passer par dessus des murailles élevées, dans l'état où elle était ? Sa grossesse était très-avancée ; j'allais tuer mon enfant, et peut-être sa mère. Je frémis, et je me levai. Je marchai tristement vers l'endroit par où j'étais entré. Je montai le long des espaliers, je me laissai aller suspendu par un bras, et je me retrouvai dans la rue. Deux hommes qui passaient et qui me virent, crièrent *à la garde*. Je leur ordonnai de se taire d'un ton !... ils se turent. Ils paraissaient vouloir me suivre, je leur ordonnai de prendre une rue qui était à main droite. Ils balançaient ; je levai mon bâton, et ils obéirent. Je retournai au faubourg Saint-Honoré, sans rencontrer personne, que quelques misérables patrouilles du guet. Il était quatre heures du matin. Je rentrai dans ma chambre, je me jetai sur le carreau, et j'attendis le jour.

CHAPITRE VI.

Peines et consolations.

Il est peu d'hommes qui n'aient éprouvé les alternatives de la fortune. Les uns, accablés des moindres revers, tombent dans le découragement, souffrent et gémissent. Les autres, se roidissant contre les coups les plus terribles, leur opposent un courage inaltérable, une constance à toute épreuve. Courbés sous la verge du malheur, ils osent braver le sort qui les poursuit ; ils le combattent, ils le subjuguent, et font rougir la fortune elle-même d'avoir oser les méconnaître : j'etais du petit nombre de ces derniers.

« Laissons, m'écriai-je, laissons aux

« femmes, aux enfans, ces soupirs,
« ces plaintes, qui ne remédient à
« rien. L'homme est fait pour agir
« et non pas pour pleurer. Juliette
« captive compte sur mon secours;
« elle me connaît, elle m'attend, elle
« ne sera pas trompée. »

J'étais ardent, impétueux, brave, opiniâtre dans mes projets, incapable de céder aux obstacles, disposé à tout entreprendre quand tout paraissait désespéré; et cependant je sentis que je pouvais tout perdre en précipitant quelque chose. J'imposai silence à mon cœur, et je n'écoutai que la prudence. Il n'était pas possible de tirer Juliette de sa prison avant ses couches et son parfait rétablissement. Mais il était essentiel de soutenir son courage, en lui faisant savoir que j'étais libre, et que je ne m'occupais que d'elle. Il était indispensable de connaître le moment où elle deviendrait mère, pour empêcher qu'un enfant, sur lequel s'étendait déjà ma tendre sollicitude, ne fût confondu avec les fruits de la misère et du libertinage, dans un hospice où je ne pourrais ni le reconnaître, ni le réclamer; il fallait établir des intelligences dans la maison; cela était difficile, mais je ne désespérais pas d'y réussir.

Je commençai à pourvoir à ma propre sûreté. Je louai à Courbevoie une petite maison meublée, et je me donnai pour un Anglais d'une faible santé, à qui on avait ordonné le grand air. Ma figure pâle et tirée, après la nuit que je venais de passer, donnait à cette fable l'air de la vérité. On pense bien que je renonçai aux services de la mère Jacquot : elle tenait trop à son curé, pour que je tinsse plus long-temps à elle. J'arrêtai une femme du village, curieuse et babillarde; et le lendemain, jeunes et vieux, savaient qu'il y avait à Courbevoie un Anglais malade, qui ne pouvait manger que telle ou telle chose, et qui devait prendre beaucoup d'exercice : c'est ce que je voulais.

J'étais assez près de Paris pour m'y porter en peu de temps; j'en étais assez loin pour ne pas craindre l'espionnage, et je commençai à rêver aux moyens de faire parvenir de mes nouvelles à Juliette. Ceux qui se présentèrent à moi me parurent également dangereux. Si la supérieure soupçonnait seulement mes démarches, Juliette serait plus resserrée; peut-être la transférerait-on dans une autre communauté, et mes recherches et mes efforts deviendraient inutiles. Je sentis l'impossibilité d'agir moi-même. Une femme pouvait seule pénétrer dans le convent, sous un prétexte quelconque, y retourner, y former des liaisons, découvrir enfin Juliette, lui porter mes lettres et me rapporter les siennes. Il fallait que cette femme me fût dévouée par affection ou par intérêt; qu'elle fût insinuante, qu'elle eût de l'esprit naturel, de la discrétion; où la trouver? Comment oser me confier successivement à plusieurs personnes, dont aucune peut-être n'aurait les qualités que je désirais, et qui seraient à peu près toutes incapables de garder un secret?

Il y avait un demi-jour que je pensais à tout cela sans être plus avancé. Le présent m'effrayait, l'avenir n'était pas rassurant, et je cherchais à échapper à ces idées pénibles en me reportant sur le passé, où mon cœur et mon esprit se reposaient avec complaisance. « L'amour, disais-je, qui

« nous frappa du même trait long-
« temps avant que nous sussions ce
« que c'est que l'amour; ces marques
« du plus tendre intérêt données sans
« intention, et si profondément sen-
« ties; ces premiers mouvemens d'une
« jalousie involontaire, lorsqu'elle
« m'apperçut lisant à côté de Fan-
« chon.... Fanchon! Fanchon!... Elle
« est jeune et jolie, elle ne doit pas
« être cagotte. Elle est vive, elle est
« femme; elle ne doit pas manquer
« d'adresse. Elle me marquait de l'af-
« fection; quelques cadeaux la rame-
« neraient à ses premiers sentimens.
« Allons trouver Fanchon. »

Pendant ce monologue, ma gouvernante montait mon lait de chèvre,
que je devais prendre tous les matins,
et qui ne pouvait passer qu'à l'aide
d'une longue promenade. Je pris mon
lait, et je partis. Je crus qu'il serait

imprudent de m'avancer jusqu'à l'hôtel des Mylords. Je m'arrêtai en face du passage des Petits-Pères, je regardai, et je ne vis pas Fanchon. J'apperçus deux ou trois décrotteurs; je mis mon pied sur la sellette, et pendant que mon homme frottait, je lui parlai indifféremment de la place Victoire, du Palais-Royal, et enfin d'une petite ravaudeuse que j'avais vue autrefois dans le passage, et qui n'y était plus. « Ah ! monsieur, me dit-il, elle était « trop jolie pour ne pas faire sa for- « tune. On a troqué son tonneau « contre une boutique de mercerie, « où elle fait fort bien ses affaires. — « Et où est-elle cette boutique ? — « Dans la rue du Mail, » et je m'en fus dans la rue du Mail. J'entrai chez tous les merciers. J'achetai un ruban chez l'un, une paire de gants chez l'autre; enfin je trouvai la boutique de Fanchon, qui me reconnut au premier coup d'œil, et qui parut fort aise de me revoir. Elle me reprocha de l'avoir négligée, elle s'attendrit sur la fin déplorable de Mylord, et elle me fit sur sa fille des questions auxquelles je répondis ce que je voulus. J'étais bien aise de la pressentir avant de m'ouvrir à elle. Je la questionnai à mon tour; je la félicitai de son bien-être, et je lui demandai si elle était mariée. Elle me répondit que non, en baissant les yeux. Je conclus qu'elle avait fait comme tant d'autres. Ce sont deux terribles écueils, que la pauvreté et une jolie figure!

Après avoir parlé quelque temps de choses indifférentes, je fis prendre à la conversation une tournure un peu sentimentale. J'examinai Fanchon, elle était sensible, et j'en augurai bien. Je hasardai quelques mots

qui annonçaient les sensations douloureuses dont j'étais affecté; elle me fixa, une larme mouilla sa paupière, et elle me dit: « Vous m'avez oubliée
« dans la prospérité ; vous revenez à
« moi dans le malheur; vous ne me
« trouverez pas changée. Dites-moi
« sans détour pourquoi vous m'avez
« cherchée, et à quoi je peux vous
« être utile. » Je ne lui avais pas dit que je l'eusse cherchée; je ne lui avais pas encore demandé ses bons offices; sa pénétration me charma. Fanchon était justement la femme qu'il me fallait.

Je lui contai dans le plus grand détail mon amour, mon bonheur, et le coup qui m'avait frappé. Elle souriait aux tableaux doux et frais; elle levait les épaules aux inepties de la mère Jacquot; son œil s'enflammait quand je peignais la lubricité, l'hypocrisie, la trahison du curé. Je suivais ses mouvemens ; son âme passait successivement par les différentes affections que je voulais lui faire éprouver. Je ne balançai plus à m'ouvrir entièrement à elle : je lui dis que je ne pouvais vivre sans Juliette, que je voulais la ravoir, et que j'y réussirais ; mais que je n'aurais pas un moment de repos que Juliette ne fût instruite de ce que je méditais, et que l'espérance de sa liberté prochaine ne l'aidât à supporter son sort. « Je vais au « couvent, dit Fanchon, et j'y en- « trerai. — Et comment ferez-vous ? « — Ne vous inquiétez de rien. Les « hommes ne connaissent que la « force, et nous savons ruser. » Elle prit un carton, elle y mit des gants, des éventails, des rubans. « Restez ici, « me dit-elle, et attendez-moi. Dans « votre état on trouve le temps long;

« je reviendrai le plus tôt qu'il me sera
« possible. » Elle ferma la porte de
sa boutique, mit la clef dans sa poche,
et prit le chemin du couvent.

Pendant son absence, je me rappelai les anciens amis de Mylord. Je m'étais éloigné d'eux de peur de perdre Juliette; je résolus de m'en rapprocher, parce qu'ils pourraient me la rendre. Madame d'Alleville avait des principes sévères; mais l'indulgence et la bonté formaient le fond de son caractère. Je ne doutai pas que tous les bons cœurs ne prissent à moi le vif intérêt que je venais d'inspirer à Fanchon. Je me flattai qu'elle ne me refuserait pas ses bons offices auprès du ministre; et si elle réussissait, toutes nos peines étaient finies. Ce parti me sembla préférable à un enlèvement qui ne supprimerait pas la lettre-de-cachet, et qui nous laisserait exposés à des craintes continuelles. Je résolus donc de voir madame d'Alleville dans la journée.

Il y avait trois heures au moins que Fanchon était sortie. J'avais pensé, j'avais marché, j'avais regardé à la croisée, j'avais lu les étiquettes de tous les cartons, je bouillais d'impatience, lorsque j'entendis ouvrir la porte. « Eh bien? lui dis-je. — Vos affaires
« vont à merveilles. — Vous lui avez
« parlé? — Non. — Vous l'avez vue?
« — Non. — Qu'avez-vous donc fait?
« Répondez; de grâce, répondez. —
« Je vais vous le dire. J'ai sonné, et
« la tourrière m'a ouvert. Cette tour-
« rière n'est pas une sœur converse;
« c'est, selon l'usage de plusieurs cou-
« vens, une femme de confiance qui
« va et vient pour les affaires de la
« communauté. Je lui ai conté une
« histoire que j'avais composée en

« route. La marchandise que je por-
« tais dans mon carton venait de chez
« un marchand pressé de faire des
« fonds, et qui voulait vendre à tout
« prix : il m'avait recommandé d'aller
« de préférence dans les couvens, qui,
« rassemblant un certain nombre
« de jeunes demoiselles, offrent des
« moyens de débit plus rapides ; et,
« sur la grande réputation de la
« maison des Dames-Anglaises, je
« commençais par là ma tournée. La
« tourrière examinait très-attentive-
« ment mes gants, mes éventails et
« mes rubans : je l'ai priée de choisir,
« et de recevoir d'avance cette faible
« marque de ma reconnaissance ; elle
« ne s'est pas fait prier ; elle a pris
« un peu de tout, et elle est allée
« m'annoncer à madame la supérieure.
« On m'a fait entrer dans un vaste
« jardin, où j'ai été à l'instant en-

« tourée de trente à quarante pen-
« sionnaires : je leur ai fait les choses
« moitié de leur valeur, et en cinq
« minutes mon carton s'est vidé. La
« supérieure, grande, vieille, maigre
« et revêche, m'a demandé si je
« n'avais plus rien à vendre : j'ai ré-
« pondu qu'il me restait beaucoup
« d'articles chez moi, et que je re-
« viendrais si on voulait. Quelques
« jeunes personnes, qui n'avaient rien
« pu avoir, et qui n'en étaient pas
« plus gaies, m'ont priée instamment
« de repasser entre trois et quatre
« heures, parce que c'est le moment
« de la récréation : j'ai promis, et en
« répondant aux unes et aux autres,
« je me tournais de tous les côtés ;
« mon œil se portait à la dérobée sur
« les différentes parties des bâtimens,
« sur les portes, sur les croisées, et
« je n'ai pas vu Madame, que j'aurais

« infailliblement reconnue. Je suis
« sortie; la tourrière m'a fait beau-
« coup de politesses, et je me suis
« aperçue qu'elle aime beaucoup à
« causer. — Au nom de Dieu, finis-
« sez donc, lui dis-je en l'inter-
« rompant; je ne vois pas jusqu'ici
« que j'aie tant à me féliciter. — M'y
« voilà, reprit-elle. Au lieu de me
« rendre au couvent à trois heures,
« j'y arriverai à deux; ces demoiselles
« seront en classe; je serai venue de
« trop loin pour m'en retourner, et
« on m'invitera à m'asseoir en atten-
« dant la récréation. Deux femmes
« ne passent pas une heure assises l'une
« vis-à-vis de l'autre sans jaser : c'est là
« que j'attends ma tourrière, et que
« je lui tirerai les vers du nez. » J'embrassai Fanchon de toute mon âme;
je lui donnai dix louis pour la dédom-
mager des pertes qu'elle venait de

faire et de celles que je lui occasionnerais encore. Elle les reçut d'une manière franche et gaie, et les serra dans sa bourse

Je lui parlai de la visite que je me proposais de faire à madame d'Alleville; elle m'approuva beaucoup, et m'engagea à ne pas différer. Je n'avais pas besoin qu'on me poussât.

« Ah ça, dit-elle, il est midi. A une
« heure un quart il faut que je me
« remette en route ; vous voudrez
« savoir le résultat de cette nouvelle
« démarche, ainsi vous ne retourne-
« rez à Courbevoie que ce soir. Dînez
« sans façon avec moi, et pendant
« que je serai au couvent, vous
« irez chez madame d'Alleville. » J'acceptai son dîner d'aussi bonne grâce qu'elle avait pris mon argent, et nous nous mîmes à table.

« Mon changement de condition,

« me dit-elle, doit vous paraître
« étrange ; je vais vous mettre au fait
« en deux mots. Je déteste le liber-
« tinage ; mais j'avoue que j'aime
« mes aises. Quelques jeunes gens
« qui me plaisaient assez, ne pou-
« vaient m'offrir que le partage de
« leur cœur et d'une honnête misère ;
« cela ne me tenta point. Un vieux
« garçon dont j'avais long-temps gar-
« ni les bas, s'avisa enfin de me trou-
« ver jolie, et me fit des proposi-
« tions. Je les rejetai d'abord de la
« meilleure foi du monde : ma résis-
« tance l'enflamma. Il me parla linons,
« dentelles, meubles, boutique, et
« j'écoutai : il pressa, et je me rendis.
« Ce n'est pas l'homme que j'aurais
« choisi ; mais il est rare qu'une
« femme jouisse de son cœur ; ce
« sont presque toujours les circons-
« tances qui en disposent. Cependant

« je ne me repens pas du parti que
« j'ai pris : cet homme est honnête,
« doux, libéral, et je lui suis fidelle
« par raison et par reconnaissance. Il
« est maintenant en province, et je
« n'en suis pas fachée ; car il un est peu
« jaloux, et c'est le seul défaut que
« je lui connaisse. Mais il ne reviendra
« que dans deux mois, et alors vous
« n'aurez plus besoin de mes ser-
« vices. » -

Ces détails n'étaient pas trop de mon goût. L'amour honnête élève l'âme, l'amour de *calcul* la dégrade. Une femme peut être faible sans cesser d'être estimable : celle qui se vend est toujours vile. Je ne dis pas cela à Fanchon ; j'étais forcé de la ménager : je n'approuvai ni ne blâmai sa conduite. Après le dîner nous arrangeâmes un second carton ; nous l'emplîmes des objets les plus piquans et les plus frais de la boutique. Fanchon reprit la route du couvent, et j'allai chez madame d'Alleville.

Je fus reçu très-froidement. Madame d'Alleville était prévenue contre moi, et je jugeai que monsieur Abell père m'avait perdu dans l'esprit de toutes les personnes sur lesquelles il avait quelqu'ascendant. En effet, je lui avais promis de le revoir et je n'avais pas reparu. Miss Tillmouth ne s'était pas retrouvée, et tous les rapports s'étaient accordés sur sa fuite et sur la manière dont je l'avais favorisée ; le reste n'était pas difficile à deviner. Abell le fils avait gardé sur nos affaires le secret le plus inviolable, et madame d'Alleville n'était pas détrompée : elle me reprocha ma conduite avec une sorte d'amertume. Je lui racontai ce qui s'était passé, avec ce ton de vérité et de candeur qu'on n'imite jamais qu'imparfaitement. Elle revint un peu sur mon compte; mais elle était tout-à-fait changée à l'égard de Juliette. Elle avait projeté le mariage le plus avantageux, elle avait levé toutes les difficultés, et miss Tillmouth lui avait fait perdre le fruit de ses soins, et l'avait compromise envers MM. Abell. Madame d'Alleville était piquée. Son amour-propre blessé ne lui permettait plus d'écouter son cœur. Elle prétexta des visites; je l'entendis, et je sortis.

Cet accueil si opposé à celui que j'attendais ne me découragea point: j'aurais bravé mille morts pour accélérer d'un quart d'heure la délivrance de Juliette, et j'allai chez M. de Cervières, ce conseiller au parlement que j'avais vu chez madame d'Alleville. Il pensait fortement, et des petitesses d'esprit ne pouvaient pas balancer en

lui les droits de la nature : malheureusement il était malade ; il ne put pas me recevoir. Son secrétaire m'apprit qu'il aimait mademoiselle d'Hérouville, fille d'un mérite distingué. « Elle
« n'a qu'un frère, ajouta-t-il, colonel
« de dragons, beau, bien fait, couru
« des femmes de la cour, et sa sœur ne
« devait pas être un obstacle à son
« avancement ni à sa fortune. Un
« couvent et des vœux forcés, tel était
« le sort qui l'attendait. Indifférente,
« elle se résigna ; amante de M. de
« Cervières, elle osa résister à son
« père ; elle lui parla avec respect,
« mais avec fermeté, et elle se perdit.
« M. d'Hérouville se hâta de préve-
« nir les suites d'une inclination qui
« pouvait nuire à ses projets, et com-
« me il sait tout prévoir, il garde un
« silence absolu sur le couvent où il
« a renfermé sa fille. Un homme du

« caractère de M. de Cervière ne pou-
« vait pas aimer faiblement, et la
« perte qu'il a faite l'a touché au-delà
« de toute expression : sa santé s'est
« sensiblement altérée; quelque cha-
« grin cuisant et secret paraît aggra-
« ver encore les peines de l'amour
« malheureux. Depuis quelques jours
« son état est inquiétant, et s'il ne
« prend pas une ferme résolution de
« combattre et de vaincre son cœur,
« nous perdrons cet homme estima-
« ble. » Je fus touché de son état, mais j'étais trop vivement affecté moi-même pour penser long-temps à ce qui n'était pas Juliette. J'oubliai bientôt M. de Cervières et mademoiselle d'Hérouville, et je rentrai chez Fanchon, réduit à mes propres forces, aidées de ma seule industrie.

Fanchon venait de rentrer elle-même. Elle accourut vers moi d'un

air empressé et riant. « Soyez heu-
« reux, me dit-elle, j'apporte des
« nouvelles positives. Fermons la
« porte, asséyons-nous, et écoutez-
« moi. — J'écoute, j'écoute.... Vite,
« vite, ma chère Fauchon.... Parlez,
« parlez donc. — La tourrière a par-
« faitement répondu à mon attente.
« — Bon. — J'ai eu l'air d'ignorer les
« usages les plus ordinaires de la vie
« monastique, et elle s'est empressée
« de m'apprendre ce que je savais
« à peu près aussi bien qu'elle. Les
« nones, les pensionnaires, le direc-
« teur, les offices, les syrops, les
« bonbons, elle a tout passé en revue,
« et elle a mis à tout cela un air d'im-
« portance qui m'aurait fait rire, si
« je n'avais craint de perdre un mot
« de ce qu'elle me disait. — Après,
« après ? — Elle ne me parlait encore
« que de choses qui ne m'intéressaient

« guères, et elle se taisait précisé-
« ment sur ce que je voulais savoir.
« Elle m'avait fait la description inté-
« rieure et extérieure de l'église, du
« corps de logis et des ailes; elle ne
« m'avait fait grâce ni d'un cierge, ni
« d'un fauteuil, ni d'un prie-dieu.
« Elle en était à un pavillon isolé que
« j'avais remarqué le matin dans le
« fond du jardin, et elle en parlait
« avec une réserve qui piquait ma
« curiosité. — Au fait, par grâce. Eh
« bien, le pavillon? — Elle grillait de
« m'en dire davantage, moi je grillais
« de l'entendre; mais je me suis bien
« gardée de l'interroger : un mot ha-
« sardé pouvait me rendre suspecte.
« — Enfin? — Enfin quand elle a vu
« que je gardais le silence, elle a pris
« son parti. Vous ne devineriez ja-
« mais, me dit-elle, ce que c'est que
« ce pavillon. — Moi? cela m'est in-

« different, je vous assure. Peut-être
« une prison.... — Oui, une prison....
« — Où on enferme certaines reli-
« gieuses... — Pas du tout : ce ne
« sont pas des religieuses qu'on y
« enferme. Nos dames remplissent
« exactement leurs devoirs. Mais croi-
« riez-vous que des filles de bonne
« maison, qui prennent le voile pour
« faire leur salut et jouir des douceurs
« de la vie, sont transformées en
« geôlières ? — Cela ne se peut pas.
« — Cela est. Il n'y a pas deux jours
« qu'on nous a encore amené une
« jeune dame que le curé de Saint-
« Étienne-du-Mont va diriger, et
« dont, par parenthèse, on dit beau-
« coup de mal. — Qu'importe sa
« conduite ? — Oh ! cela est fort égal
« à nos dames; mais ce qui ne leur
« est pas égal du tout, c'est d'être
« obligées de la garder. Savez-vous

« qu'elles répondent corps pour corps
« de leurs prisonnières? — Qu'im-
« porte encore? Ces dames prennent
« sans doute des précautions : ce pa-
« villon est sûr. — Oh! très-sûr. Les
« fenêtres sont grillées, les portes sont
« doubles, et cependant on craint
« toujours, et ce n'est pas sans raison.
« Hier, entre deux et trois heures du
« matin, quelqu'un est descendu dans
« le clos. — En vérité! — A telles
« enseignes qu'on nous a tué un
« chien qui était de force à étrangler
« un taureau. Aussi deux sœurs con-
« verses veilleront toutes les nuits, et
« le jardinier, armé d'un bon fusil à
« deux coups, couchera dans la serre
« adossée au grand mur qui donne
« sur la rue. — Et que voudriez-vous
« que des étrangers vinssent faire dans
« votre clos? Voler des fruits, des lé-
« gumes? — Des femmes, ma bonne

« amie, des femmes. Monsieur le
« curé de Saint-Étienne-du-Mont a
« dit à madame la supérieure qu'il
« soupçonnait celui qui a tué le chien
« d'être un mauvais sujet qui a perdu
« cette jeune dame qui est dans le
« pavillon. Mais la police est à ses
« trousses, et on le mettra dans un
« cul de basse-fosse. — Et on fera
« bien, ma bonne amie.

« — Elle est donc encore exposée aux
« persécutions de cet infâme prêtre,
« m'écriai-je en interrompant Fan-
« chon; ah! je l'avais prévu. Mort au
« perfide, mort aux agens de la police,
« mort à moi-même, si je n'arrache
« pas Juliette à cette prison infernale.

« —Je n'ai pas cru, reprit Fanchon,
« devoir vous cacher ces détails affli-
« geans sans doute, mais d'après les-
« quels vous réglerez votre conduite.
« Je vais maintenant vous dire des

« choses plus consolantes. Je suis
« entrée dans le jardin, et j'ai vendu,
« un œil à mon carton et l'autre aux
« croisées du pavillon, où je n'ai vu
« paraître personne. Parmi celles qui
« m'ont acheté, j'ai remarqué une
« grande blonde, au teint pâle, à
« l'œil langoureux, à la démarche
« nonchalante, et sans doute au cœur
« sensible : tout cela va ordinaire-
« ment ensemble. J'ai demandé à la
« maîtresse de classe, qui ne nous
« quittait pas, si ces dames ne ven-
« daient aucuns de leurs petits ou-
« vrages, et je me suis proposée pour
« leur en procurer un débit avanta-
« geux. — Je vais parler de cela à
« madame la supérieure, m'a-t-elle
« répondu, et elle nous a laissées. Je
« me suis approchée de la grande
« blonde, et en lui faisant examiner
« les coins brodés d'une paire de bas

« de soie, je l'ai emmenée à quatre
« pas du groupe. Là, je lui ai dit :
« Vous aimez, j'en suis sûre, et il y
« a dans ce pavillon une victime de
« l'amour à qui vous rendrez un ser-
« vice essentiel. Faites-lui savoir que
« son amant est libre, et qu'elle le sera
« bientôt. — Son nom? — Happy. »
Elle s'est éloignée en chantonnant,
et j'ai été me rasseoir auprès de mon
carton. Ma belle, ma bonne, ma
sensible blonde chantait plus haut à
mesure qu'elle approchait du pavillon, et plus elle chantait haut, et plus
je diminuais le prix de ma marchandise; plus on achetait, et moins on
prenait garde à ce que faisait la belle
blonde.

La religieuse est revenue avec
quelques paires de manchettes, et
quelques mouchoirs assez mal brodés,
et que j'ai trouvés admirables. Comme

je ne suis pas connue dans la maison, j'en ai consigné la valeur, et je me suis disposée à sortir. Ma grande blonde est venue tourner autour de moi, et m'a dit : « Je suis fâchée que « vous ne me laissiez pas vos bas de « soie, ils me plaisent beaucoup; » et elle les a repris dans mon carton, les a déroulés, et les a examinés de nouveau. « Vous ne voulez donc pas « me les laisser? — Je ne le peux pas, « mademoiselle. » Elle les a reployés, me les a rendus, et m'a serré la main. Cela n'était pas nécessaire; je l'avais devinée. Sans faire semblant de rien, j'ai mis les bas dans ma poche j'ai pris congé de ces dames, et me voilà.

« Vous m'apprendrez enfin, dis-« je à Fanchon, ce que signifient ces « bas et ce serrement de main. — Que « les hommes sont bons, reprit-elle,

« et qu'il est aisé de leur en faire ac
« croire. Vous ne devinez pas ? — Eh-
« non ; expliquez-vous. — Il y a dans,
« les bas un billet de la belle blonde
« ou peut-être de Juliette elle-même.
« — Vous l'avez lu ! — Je n'y ai pas
« même regardé ; mais cela doit être
« ainsi. — Les bas, les bas !.... Don-
« nez-moi donc les bas ! C'est par là
« qu'il fallait commencer votre recit. »
Et ma main cherchait sa poche, et je la
trouvai, et j'y fouillai, et Fanchon me
regardait faire. Je tirai ces bas précieux, je les déroulai, un papier chif-
fonné tomba, je le ramassai, je l'ouvris.
« C'est son écriture, m'écriai-je....
« c'est de Juliette, » et je baisais le
papier, et j'embrassais Fanchon ; j'aurais embrassé la belle blonde, la tourrière, tout l'univers. « Lisez donc, me
« dit enfin Fanchon ; » je lus : *Amour
pour la vie. Du courage, et surtout*

de la prudence. « Voilà tout ce que
« je désirais, m'écriai-je ivre de joie.
« Elle sait que c'est à moi qu'elle a
« écrit, que son billet m'est parvenu,
« elle est tranquille, et je vais l'être. »
Et à propos de tranquillité, je sautais,
je prenais les mains de Fanchon, je
les quittais, je relisais le billet, et je
revenais à Fanchon, qui riait de tout
son cœur. Ce manège dura quelque
temps. Je me calmai enfin, et Fanchon
cessa de rire.

« Demain, lui dis-je, il faut retour-
« ner au couvent. Je vous donnerai
« une lettre pour Juliette, vous la
« remettrez à la belle blonde, et
« après-demain vous irez chercher la
« réponse. — Non, M. Happy, je
« je ne retournerai pas demain au
« couvent. Je suivrai les instructions
« de madame. Elle recommande la
« prudence, et vous n'êtes pas pru-

« dent du tout, mais pas du tout. Il
« faut que je puisse avoir vendu les
« chiffons de ces bonnes sœurs avant
« de me présenter devant elles. J'ai
« épuisé les bourses des pensionnaires,
« il faut au moins leur laisser le temps
« de les remplir. D'ailleurs, je ne
« veux pas qu'on me voie trop sou-
« vent. Le soupçon dort; gardons-
« nous de l'éveiller.

« Parlons un peu raison, continua-
« t-elle, et récapitulons ce que je vous
« ai dit, et ce que vous avez déjà ou-
« blié. Le curé vous poursuit. — Je
« le tuerai. — Le jardinier a un fusil
« à deux coups. — Je le désarmerai.
« — Les sœurs converses veillent. —
« Je leur ferai peur.— Il y a des dou-
« bles portes. — Je les enfoncerai. —
« On vous entendra. — Je m'en mo-
« que. — On vous attaquera. — Je
« me battrai. — On vous emprison-

« nera. — Je me sauverai. — Vous
« êtes fou. — Je suis amoureux. —
« C'est ce que je voulais dire. »

Elle me présenta les difficultés qui s'opposaient à l'exécution de mon projet d'une manière si vraie, que j'en fus effrayé un moment; mais plein de mes idées, ramené par une imagination de feu à ces grilles, à ces verroux qui me séparaient de Juliette, je jurai de les briser à quelque prix que ce fût. J'avais déjà une certaine connaissance du local; je savais où était le pavillon : c'était beaucoup. Fanchon avait toute sa tête; elle devait m'aider de ses conseils, et j'étais bien sûr que nous trouverions à nous deux des moyens plus forts que les obstacles. Il était tard, et je pensai enfin à retourner à Courbevoie.

Fanchon m'arrêta. « Quel homme
« vous êtes, me dit-elle! Ne vous ai-je
« pas dit qu'on vous cherche de tous

« les côtés ? Croyez-vous que le curé
« ne connaisse pas votre caractère
« entreprenant, et ne mettra-t-il pas
« à vous éloigner de Madame le même
« empressement que vous à vous en
« rapprocher ? N'a-t-il pas à se ven-
« ger des coups de bâton que vous lui
« avez donnés ; et voulez-vous qu'un
« prêtre dorme, tourmenté par la
« vengeance et par l'amour ? c'est tout
« ce que pourrait faire un homme du
« monde. —Je suis en sûreté à Cour-
« bevoie. — Oui, mais je n'irai pas
« vous y chercher pour arranger
« avec vous votre plan de campagne;
« vous ne pourrez pas être un jour
« sans venir à Paris, et ces allées et ces
« venues vous seront tôt ou tard fu-
« nestes. — Et que faire ? — Rester
« ici : on ne viendra pas vous prendre
« chez moi. — Vous n'avez qu'un lit ?
« —Belle difficulté ! N'avez-vous pas

« de l'argent? on en achetera un se-
« cond. D'ailleurs, que ferez-vous
« provisoirement de Madame, si vous
« êtes assez heureux pour la délivrer?
« La conduirez-vous à Courbevoie, à
« pied, en relevant de couches? Cela
« n'aurait pas le sens commun. Et
« puis, je suis seule et je m'ennuie; la
« solitude fera fermenter votre tête,
« et cela ne vaut rien. Vous me par-
« lerez de vos amours; je vous écou-
« terai, et cela nous dissipera l'un et
« l'autre. Restez ici, Monsieur, restez
« ici; c'est ce que vous pouvez faire
« de mieux. »

Il n'y avait pas à balancer sur la proposition obligeante de Fanchon, et je me gardai bien de la refuser. Elle arrêta que je passerais la nuit sur un fauteuil, que le lendemain on aurait un lit, et que je partagerais la dépense du ménage. J'avais quelque regret de perdre six mois du loyer que j'avais payé d'avance; mais Fanchon avait réponse à tout : elle m'observa que l'argent est fait pour rouler, et je n'y pensai plus.

Fin du second Volume.

TABLE DES CHAPITRES

CONTENUS DANS LE SECOND VOLUME.

Chapitre Iº. *Je vois le monde*. . . 1
Chap. II. *Grands événemens*. . 29
Chap. III. *Elle est à moi*. 81
Chap. IV. *Je suis auteur, et je tombe*. 117
Chap. V. *Je l'ai perdue*. 171
Chap. VI. *Peines et consolations* 203

www.ingramcontent.com/pod-product-compliance
Lightning Source LLC
Chambersburg PA
CBHW071908160426
43198CB00011B/1209